Libros Sobre El Mensaje de 1888

El Camino Consagrado a la Perfección Cristiana

Edición Original

Alonzo T. Jones

Copyright ©2023
LS COMPANY
ISBN: 978-1-0881-3498-6

Contenido

Introducción 5

Capítulo 1—Un Sacerdote Tal.. 9

Capítulo 2—Cristo: Dios... 11

Capítulo 3—Cristo: Hombre 13

Capítulo 4—"Él También Participó de lo Mismo"..................................... 15

Capítulo 5—"Hecho Súbdito a La Ley" 19

Capítulo 6—"Hecho de mujer"... 22

Capítulo 7—"La Ley de la Herencia" 27

Capítulo 8—"En Todo Semejante" 30

Capítulo 9—Calificaciones Adicionales de nuestro Sumo Sacerdote"...... 34

Capítulo 10—"La Suma" 37

Capítulo 11—"Y Yo Habitaré Entre Ellos"... 40

Capítulo 12—"Perfección" 46

Capítulo 13—"La Prevaricación y la Abominación Desoladora"............. 51

Capítulo 14—"Entonces El Misterio de Dios será Consumado" 59

Capítulo 15—"La Purificación del Santuario".. 63

Capítulo 16—"El Tiempo del Refrigerio" 67

Capítulo 17—"Conclusión"... 70

Introducción

En la revelación de Cristo el Salvador, éste se nos manifiesta en sus tres oficios: profeta, sacerdote y rey.

En los días de Moisés, se escribió de Cristo en tanto que profeta: "Les suscitaré un Profeta de entre sus hermanos, como tú, y pondré mis palabras en su boca. Y él les hablará todo lo que yo le mande. Y al que no escuche mis palabras que ese Profeta hable en mi Nombre, yo le pediré cuenta". (Deut. 18:18 y 19). Esta idea sigue presente a lo largo de las Escrituras, hasta su venida.

En tanto que sacerdote, en los días de David se escribió de Cristo: "Juró Jehová, y no se arrepentirá: Tú eres sacerdote para siempre según el orden de Melchisedech" (Sal. 110:4). Esa idea continúa asimismo presente en las Escrituras, no solamente hasta su venida, sino hasta después de ella.

Y de Cristo en tanto que rey, se escribió en tiempos de David: "Yo empero he puesto [ungido] mi rey sobre Sión, monte de mi santidad" (Sal. 2:6). Y esa noción perduró igualmente en las Escrituras posteriores, hasta su venida, después de ella, y hasta el mismo fin del sagrado Libro.

De manera que las Escrituras presentan claramente a Cristo en los tres oficios: profeta, sacerdote y rey.

Esta triple verdad es ampliamente reconocida por todos cuantos están familiarizados con las Escrituras; pero en relación con ella, hay una verdad que no resulta ser tan bien conocida: que Cristo no es las tres cosas a la vez. Los tres oficios son sucesivos. Primeramente, es profeta, después es sacerdote, y luego rey.

Fue "el profeta" cuando vino al mundo como maestro enviado por Dios, el Verbo hecho carne y morando entre nosotros, "lleno de gracia y de verdad" (Hech. 3:19-23). Pero entonces no era sacerdote, ni lo hubiera sido de haber permanecido en la tierra, ya que está escrito: "si estuviese sobre la tierra, ni aun sería sacerdote" (Heb. 8:4). Pero habiendo terminado la labor en su obra profética sobre la tierra, y habiendo ascendido al cielo a la diestra del trono de Dios, es ahora y allí nuestro "sumo sacerdote", quien está "viviendo siempre para interceder por ellos [nosotros]", y leemos: "él edificará el templo de Jehová, y él llevará gloria, y se sentará y dominará en su trono, y será sacerdote en su solio; y consejo de paz será entre ambos a dos" (Zac. 6:12 y 13).

De igual manera que no era sacerdote mientras estaba en la tierra como profeta, ahora tampoco es rey en el cielo a la vez que sacerdote. Es cierto que reina, en el sentido y en el hecho de que está sentado en el trono del Padre, siendo así el sacerdote real y el rey sacerdotal según el orden de Melchisedech, quien, aunque sacerdote del Dios Altísimo, era también rey de Salem, o sea, rey de paz (Heb. 7:1 y 2). Pero ése no es el oficio de rey ni el trono al que se refiere y contempla la profecía y la promesa, cuando hace mención de su función específica de rey.

La función específica de rey a que hacen referencia la profecía y la promesa, consiste en que él reinará sobre "el trono de David su padre", perpetuando el reino de Dios en la tierra. Ese oficio real es la restauración de la perpetuidad de la diadema, corona y trono de David, en Cristo. La diadema, corona y trono de David fueron interrumpidos cuando, a causa de la profanación y maldad del pueblo de Judá e Israel, éstos fueron llevados cautivos a Babilonia, momento en el que se hizo la declaración: "Y tú, profano e impío príncipe de Israel, cuyo día vino en el tiempo de la consumación de la maldad; así ha dicho el Señor Jehová: Depón la tiara, quita la corona: ésta no será más ésta: al bajo alzaré, y al alto abatiré. Del revés, del revés, del revés la tornaré; y no será ésta más, hasta que venga aquel cuyo es el derecho, y se la entregaré" (Eze. 21:25-27).

De esa forma y en ese tiempo, el trono, corona y diadema del reino de David, quedaron interrumpidos "hasta que venga aquel cuyo es el derecho", momento en el que le serán entregados. Y Aquel que posee el derecho no es otro que Cristo, "el hijo de David". Y ese "hasta que venga", no es su primera venida, en su humillación, como varón de dolores, experimentado en quebranto; sino su segunda venida, cuando venga en su gloria como "Rey de reyes y Señor de señores", cuando su reino desmenuce y consuma todos los reinos de la tierra, ocupe ésta en su totalidad, y permanezca para siempre.

Es cierto que cuando el bebé de Belén nació al mundo, nos nació un rey, y fue y ha sido ya rey para siempre, y por derecho propio. Pero es igualmente cierto que ese oficio real, diadema, corona y trono de la profecía y de la promesa, no los tomó entonces, ni los ha tomado todavía, ni los tomará hasta que venga otra vez. Será entonces cuando tome sobre sí mismo el poder en la tierra, y reinará plena y verdaderamente en todo el esplendor de su gloria y función regia. Porque en las Escrituras se especifica que después que "el Juez se sentó, y los libros se abrieron", "he aquí... como un hijo de hombre que venía, y llegó hasta el Anciano de grande edad... y fuéle dado señorío, y gloria, y reino; y todos los pueblos, naciones y lenguas le sirvieron; su señorío, señorío eterno, que no será transitorio, y su reino que no se corromperá" (Dan. 7:13 y 14). Es entonces cuando poseerá verdaderamente "el trono de David su padre: y reinará en la casa de Jacob por siempre; y de su reino no habrá fin" (Luc. 1:32 y 33).

Resulta pues evidente por la consideración de las Escrituras -de la promesa y de la profecía- en relación con sus tres oficios de profeta, sacerdote y rey, que se trata de oficios sucesivos. No son simultáneos, no ocurren al mismo tiempo. Ni siquiera dos de los tres. Primeramente, vino como profeta. Actualmente es el sacerdote. Y será el rey cuando regrese. Terminó su obra como profeta antes de ser sacerdote, y terminará su obra como sacerdote antes de venir como rey. Y debemos considerarlo precisamente de la forma en que fue, es y será.

Dicho de otro modo: cuando estuvo en el mundo en tanto que profeta, así es como se lo debía considerar. Así es también como debemos contemplarlo nosotros en aquel período. En aquel momento no debían -ni debemos- considerarlo como sacerdote. No como sacerdote durante ese período, por la sencilla razón de que no era sacerdote mientras estuvo en la tierra.

Pero pasada esa fase, se hizo sacerdote. Es lo que ahora es. Es tan ciertamente sacerdote en la actualidad, como fue profeta cuando estuvo en la tierra. Y en su oficio y obra de sacerdote debemos considerarlo tan ciertamente, tan cuidadosa y continuamente en tanto que tal sacerdote, como debían y debemos considerarlo en su oficio de profeta mientras estuvo en la tierra.

Cuando vuelva de nuevo en su gloria y en la majestad de su reino en el trono de David su padre, entonces lo consideraremos como rey, que es lo que en toda justicia será. Pero no es hasta entonces cuando podremos considerarle verdaderamente en su oficio real, en el pleno sentido de lo que implica su realeza.

En tanto que rey, podemos hoy contemplarlo solamente como aquello que va a ser. En tanto que profeta, como lo que ya fue. Pero en su sacerdocio, debemos hoy considerarlo como lo que es ahora, ya que eso es exactamente lo que es. Es el único oficio en el que se manifiesta actualmente; y es ese precisamente, y no otro, el oficio en el que podemos considerar su obra y persona.

No es simplemente que esos tres oficios de profeta, sacerdote y rey sean sucesivos, sino que además lo son con un propósito. Y con un propósito vinculado a ese preciso orden de sucesión en que se dan: profeta, sacerdote y rey. Su función como profeta fue preparatoria y esencial para su función como sacerdote. Y sus funciones de profeta y sacerdote, en ese orden, son preparatorias para su función de rey. Es esencial que lo consideremos en sus oficios por el debido orden.

Debemos contemplarlo en su papel de profeta, no solamente a fin de poder aprender de quien se dijo: "nunca ha hablado hombre así como este hombre", sino también para que podamos comprenderlo adecuadamente en su oficio de sacerdote.

Y debemos considerarlo en su oficio de sacerdote, no solamente para que podamos recibir el infinito beneficio de su sacerdocio, sino también a fin de estar preparados para lo que hemos de ser. Porque está escrito: "serán sacerdotes de Dios y de Cristo, y reinarán con él mil años" (Apoc. 20:6).

Y habiéndolo considerado en su oficio de profeta en preparación para considerarlo apropiadamente en su oficio de sacerdote, es esencial que lo consideremos en su oficio de sacerdote a fin de estar capacitados para apreciarlo como rey; esto es, para poder estar allí, reinando con él. Se afirma de nosotros: "tomarán el reino los santos del Altísimo, y poseerán el reino hasta el siglo, y hasta el siglo de los siglos", y "y reinarán para siempre jamás" (Dan. 7:18; Apoc. 22:5).

Dado que el sacerdocio es precisamente el oficio y obra de Cristo, y que desde su ascensión al cielo ha venido siendo así, Cristo en su sacerdocio es el supremo motivo de estudio para todos, especialmente para los cristianos.

Capítulo 1—Un Sacerdote Tal

"Así que, la suma acerca de lo dicho es: Tenemos tal pontífice que se asentó a la diestra del trono de la Majestad en los cielos; Ministro del santuario, y de aquel verdadero tabernáculo que el Señor asentó, y no hombre" (Heb. 8:1 y 2).

Esta es "la suma" o esencia del sumo sacerdocio de Cristo, tal como presentan los primeros siete capítulos de Hebreos. Dicha "suma" o conclusión no es simplemente el hecho de que tengamos un sumo sacerdote, sino específicamente que tenemos un tal sumo sacerdote. "Tal" significa "de cierta clase o tipo", "de unas características tales", "que es como se ha mencionado o especificado previamente, no diferente o de otro tipo".

Es decir, en lo que precede (los primeros siete capítulos de la epístola a los Hebreos) debe haber especificado ciertas cosas en relación con Cristo en tanto que sumo sacerdote, ciertas calificaciones por las que fue constituido sumo sacerdote, o ciertas cosas que le conciernen como sumo sacerdote, que quedan asumidas en esta afirmación: "Así que, la suma acerca de lo dicho es: Tenemos un tal sumo sacerdote".

Para comprender esta escritura, para captar el verdadero alcance e implicaciones de tener "un sumo sacerdote tal", es pues necesario examinar las partes anteriores de la epístola. La totalidad del capítulo séptimo está dedicada al estudio de ese sacerdocio. El capítulo sexto concluye con la idea de su sacerdocio. El quinto está dedicado casi íntegramente a lo mismo. El cuarto termina con él; y el cuarto capítulo no es sino una continuación del tercero, que empieza con una exhortación a "considerar el Apóstol y Pontífice [sumo sacerdote] de nuestra profesión, Cristo Jesús". Y eso, como conclusión de lo que se ha expuesto con anterioridad. El segundo capítulo termina con la idea de Cristo en tanto que "misericordioso y fiel Pontífice", y una vez más, también a modo de conclusión de cuanto lo ha precedido en los primeros dos capítulos, ya que, aunque haya dos capítulos, el tema es el mismo.

Lo comentado muestra claramente que por sobre cualquier otro, el gran tema de los primeros siete capítulos de Hebreos es el sacerdocio de Cristo; y que las verdades allí enunciadas, sea en una u otra forma, no son más que diferentes presentaciones de la misma gran verdad de su sacerdocio, resumido todo ello en las palabras: "tenemos tal pontífice".

Por lo tanto, habiendo descubierto la verdadera importancia y trascendencia de la expresión "tenemos tal pontífice", lo que procede es comenzar desde el mismo principio, desde las primeras palabras del libro de Hebreos, y mantener presente la idea hasta llegar a "la suma acerca de lo dicho", fijando siempre la atención en que el pensamiento central de todo cuanto se presenta es "tal pontífice", y que en todo cuanto se dice, el gran propósito es mostrar a la humanidad que "tenemos un sumo sacerdote tal". Por plenas y ricas que puedan ser las verdades en sí mismas en relación con Cristo, hay que mantener siempre en la mente que esas verdades allí expresadas tienen por objetivo final el mostrar que "tenemos tal pontífice". Y estudiando esas verdades tal como se nos presentan en la epístola, deben considerarse como subordinadas o tributarias a la gran verdad que se define como "la suma acerca de lo dicho": que "tenemos tal pontífice".

En el segundo capítulo de Hebreos, como conclusión del argumento presentado, leemos: "Por lo cual, debía ser en todo semejante a los hermanos, para venir a ser misericordioso y fiel pontífice en lo que es para con Dios". Aquí se establece que la condescendencia de Cristo, el hacerse semejante a la humanidad, el ser hecho carne y sangre y morar entre los hombres, fueron necesarios a fin de poder "venir a ser misericordioso y fiel pontífice". Ahora bien, para poder apreciar la magnitud de su condescendencia y cuál es el significado real de su estar en la carne, como hijo de hombre y como hombre, es necesario primeramente saber cuál fue la magnitud de su exaltación como hijo de Dios y como Dios, y ese es el tema del primer capítulo.

La condescendencia de Cristo, su posición y su naturaleza al ser hecho carne en esta tierra, nos son reveladas en el segundo capítulo de Hebreos más plenamente que en cualquier otra parte de las Escrituras. Pero eso sucede en el segundo capítulo. El primero le precede. Por lo tanto, la verdad o tema del capítulo primero, es imprescindiblemente necesaria para el segundo. Debe comprenderse plenamente el primer capítulo para poder captar la verdad y concepto expuestos en el segundo.

En el primer capítulo de Hebreos, la exaltación, la posición y la naturaleza de Cristo tal cuales eran en el cielo, antes de que viniese al mundo, nos son dadas con mayor plenitud que en cualquier otra parte de la Biblia. De lo anterior se deduce que la comprensión de la posición y la naturaleza de Cristo tal como eran en el cielo, resulta esencial para comprender su posición y naturaleza tal como fue en la tierra. Y puesto que "debía ser en to-do" tal cual fue en la tierra, "para venir a ser misericordioso y fiel pontífice", es esencial conocerlo tal cual fue en el cielo. Esto es así ya que una cosa precede a la otra, constituyendo, por lo tanto, parte esencial de la evidencia que resume la expresión "tenemos tal sumo sacerdote".

Capítulo 2—Cristo: Dios

¿Cuál es, pues, la consideración con respecto a Cristo, en el primer capítulo de Hebreos?

Primeramente, se presenta a "Dios" el Padre como quien habla al hombre. Como Aquel que habló "en otro tiempo a los padres, por los profetas", y como el que "en estos postreros días nos ha hablado por el Hijo".

Así nos es presentado Cristo, el Hijo de Dios. Luego se dice de Cristo y del Padre: "al cual [el Padre] constituyó heredero de todo, por el cual [el Padre, por medio de Cristo] asimismo hizo el universo". Así, previamente a su presentación, y a nuestra consideración como sumo sacerdote, Cristo el Hijo de Dios se nos presenta siendo con Dios el creador, y como el Verbo o Palabra activa y vivificante: "por el cual, asimismo, hizo el universo".

A continuación, del propio Hijo de Dios, leemos: "el cual, siendo el resplandor de su gloria [la de Dios], y la misma imagen de su sustancia [la sustancia de Dios], y sustentando todas las cosas con la palabra de su potencia, habiendo hecho la purgación de nuestros pecados por sí mismo, se sentó a la diestra de la Majestad en las alturas".

La conclusión es que en el cielo, la naturaleza de Cristo era la naturaleza de Dios. Que él, en su persona, en su sustancia, es la misma imagen, el mismo carácter de la sustancia de Dios. Equivale a decir que en el cielo, de la forma en que existía antes de venir a este mundo, la naturaleza de Cristo era la naturaleza de Dios en su misma sustancia.

Por tanto, se dice de él posteriormente que "hecho tanto más excelente que los ángeles, cuanto alcanzó por herencia más excelente nombre que ellos". Ese nombre más excelente es el nombre "Dios", que en el versículo octavo el Padre da al Hijo: "(mas al Hijo): tu trono, oh Dios, por el siglo de siglo".

Así, es tanto más excelente que los ángeles, cuanto lo es Dios en comparación con ellos. Y es por eso que él tiene más excelente nombre. Nombre que no expresa otra cosa que lo que él es, en su misma naturaleza.

Y ese nombre lo tiene "por herencia". No es un nombre que le sea otorgado, sino que lo hereda.

Está en la naturaleza de las cosas, como verdad eterna, que el único nombre que una persona puede heredar es el nombre de su padre. Ese nombre de Cristo, ese que es más excelente que los ángeles, no es otro que el de su Padre, y el nombre de su Padre es Dios. El nombre del Hijo, por lo tanto, el que le pertenece por herencia, es Dios. Y ese nombre, que es más excelente que el de los ángeles, le es apropiado, ya que él es "tanto más excelente que los ángeles". Ese nombre es Dios, y es "tanto más excelente que los ángeles" como lo es Dios con respecto a ellos.

A continuación, se pasa a considerar su posición y naturaleza, tanto más excelente que la de los ángeles: "Porque ¿a cuál de los ángeles dijo Dios jamás: Mi Hijo eres tú, hoy yo te he engendrado? Y otra vez: Yo seré a él Padre, y él me será a mí Hijo?" Eso abunda en el concepto referido en el versículo anterior, a propósito de su nombre más excelente; ya que él, siendo el Hijo de Dios -siendo Dios su Padre- lleva "por herencia" el nombre de su Padre, que es Dios: y en cuanto que sea tanto más excelente que el nombre de los ángeles, lo es en la medida en que Dios lo es más que ellos.

Se insiste todavía más, en términos como estos: "Y otra vez, cuando introduce al Primogénito en la tierra, dice: Y adórenle todos los ángeles de Dios". Así, es tanto más excelente que los ángeles cuanto que es adorado por ellos, y esto último, por expresa voluntad divina, debido a que en su naturaleza, él es Dios.

Nuevamente se abunda en el marcado contraste entre Cristo y los ángeles: "Y ciertamente de los ángeles dice: El que hace a sus ángeles espíritus, y a sus ministros llama de fuego. Mas al Hijo: Tu trono, oh Dios, por el siglo del siglo".

Y continúa: "Vara de equidad la vara de tu reino; has amado la justicia y aborrecido la maldad; por lo cual te ungió Dios, el Dios tuyo, con óleo de alegría más que a tus compañeros".

Dice el Padre, hablando del Hijo: "Tú, oh Señor, en el principio fundaste la tierra, y los cielos son obras de tus manos. Ellos perecerán, más tú eres permanente; y todos ellos se envejecerán como una vestidura; y como un vestido los envolverás, y serán mudados; empero tú eres el mismo, y tus años no acabarán".

Nótense los contrastes, y entiéndase en ellos la naturaleza de Cristo. Los cielos perecerán, más él permanece. Los cielos envejecerán, pero sus años no acabarán. Los cielos serán mudados, pero él es el mismo. Eso demuestra que él es Dios: de la naturaleza de Dios.

Aún más contrastes entre Cristo y los ángeles: "¿A cuál de los ángeles dijo jamás: Siéntate a mi diestra, hasta que ponga a tus enemigos por estrado de tus pies? ¿No son todos espíritus administradores, enviados para servicio a favor de los que serán herederos de salud?"

Así, en el primer capítulo de Hebreos, se revela a Cristo como más exaltado que los ángeles, como Dios. Y como tanto más exaltado que los ángeles como lo es Dios, por la razón de que él es Dios.

Es presentado como Dios, del nombre de Dios, porque es de la naturaleza de Dios. Y su naturaleza es tan enteramente la de Dios, que es la misma imagen de la sustancia de Dios.

Tal es Cristo el Salvador, espíritu de espíritu, y sustancia de sustancia de Dios.

Y es esencial reconocer eso en el primer capítulo de Hebreos, a fin de comprender cuál es su naturaleza como hombre, en el segundo capítulo.

Capítulo 3—Cristo: Hombre

La identidad de Cristo con Dios, tal como se nos presenta en el primer capítulo de Hebreos, no es sino una introducción que tiene por objeto establecer su identidad con el hombre, tal como se presenta en el segundo.

Su semejanza con Dios, expresada en el primer capítulo de Hebreos, es la única base para la verdadera comprensión de su semejanza con el hombre, tal como se presenta en el segundo capítulo.

Y esa semejanza con Dios, presentada en el primer capítulo de Hebreos, es semejanza, no en el sentido de una simple imagen o representación, sino que es semejanza en el sentido de ser realmente como él en la misma naturaleza, la "misma imagen de su sustancia", espíritu de espíritu, sustancia de sustancia de Dios.

Se nos presenta lo anterior como condición previa para que podamos comprender su semejanza con el hombre. Es decir: a partir de eso debemos comprender que su semejanza con el hombre no lo es simplemente en la forma, imagen o representación, sino en naturaleza, en la misma sustancia. De no ser así, todo el primer capítulo de Hebreos, con su detallada información, sería al respecto carente de significado y fuera de lugar.

¿Cuál es, pues, esta verdad de Cristo hecho en semejanza de hombre, según el segundo capítulo de Hebreos?

Manteniendo presente la idea principal del primer capítulo, y los primeros cuatro versículos del segundo -los que se refieren a Cristo en contraste con los ángeles: más exaltado que ellos, como Dios-, leemos el quinto versículo del segundo capítulo, donde comienza el contraste de Cristo con los ángeles: un poco menor que los ángeles, como hombre.

Así, leemos: "Porque no sujetó a los ángeles el mundo venidero, del cual hablamos. Testificó empero uno en cierto lugar, diciendo: ¿Qué es el hombre, que te acuerdas de él? ¿O el hijo del hombre, que lo visitas? Tú le hiciste un poco menor que los ángeles, coronástelo de gloria y de honra, y pusístele sobre las obras de tus manos; todas las cosas sujetaste debajo de sus pies. Porque en cuanto le sujetó todas las cosas, nada dejó que no sea sujeto a él; más aún no vemos que todas las cosas le sean sujetas. Empero vemos [a Jesús]".

Equivale a decir: Dios no ha puesto el mundo venidero en sujeción a los ángeles, sino que lo ha puesto en sujeción al hombre. Pero no el hombre al que originalmente se puso en sujeción, ya que, aunque entonces fue así, hoy no vemos tal cosa. El hombre perdió su dominio, y en lugar de tener todas las cosas sujetas bajo sus pies, él mismo está ahora sujeto a la muerte. Y eso por la única razón de que está sujeto al pecado. "El pecado entró en el mundo por un hombre, y por el pecado la muerte, y la muerte así pasó a todos los hombres, pues que todos pecaron" (Rom. 5:12). Está en sujeción a la muerte porque está en sujeción al pecado, ya que la muerte no es otra cosa que la paga del pecado.

Sin embargo, sigue siendo eternamente cierto que no sujetó el mundo venidero a los ángeles sino al hombre, y ahora Jesucristo es el hombre.

Es cierto que actualmente no vemos que las cosas estén sometidas al hombre. En ver-dad, se perdió el señorío sobre todas las cosas dadas a ese hombre particular. Sin embargo, "vemos... a aquel Jesús", como hombre, viniendo a recuperar el señorío primero. "Vemos... a aquel Jesús", como hombre, viniendo para "que todas las cosas le sean sujetas".

El hombre fue el primer Adán: ese otro Hombre es el postrer Adán. El primero fue hecho un poco menor que los ángeles. Al postrero –Jesús- lo vemos también "hecho un poco menor que los ángeles".

El primer hombre no permaneció en la situación en la que fue hecho -"menor que los ángeles"-. Perdió eso y descendió todavía más, quedando sujeto al pecado, y en ello sujeto a padecimiento; el padecimiento de muerte.

Y al postrer Adán lo vemos en el mismo lugar, en la misma condición: "...vemos... por el padecimiento de muerte, a aquel Jesús que es hecho un poco menor que los ángeles". Y "el que santifica y los santificados, DE UNO son todos".

El que santifica es Jesús. Los que son santificados son personas de todas las naciones, reinos, lenguas y pueblos. Y un hombre santificado, en una nación, reino, lengua o pueblo, constituye la demostración divina de que toda alma de esa nación, reino, lengua o pueblo, hubiese podido ser santificada. Y Jesús, habiéndose hecho uno de ellos para poder llevarlos a la gloria, demuestra que es juntamente uno con la humanidad. Él como hombre, y los hombres mismos, "de uno son todos: por lo cual no se avergüenza de llamarlos hermanos".

Por lo tanto, de igual forma que en el cielo, como Dios, era más exaltado que los ángeles; en la tierra, como hombre, fue menor que los ángeles. De igual manera que cuando fue más exaltado que los ángeles, como Dios, él y Dios eran de uno, así también cuando es-tuvo en la tierra, siendo menor que los ángeles, como hombre, él y el hombre son "de uno". Es decir, precisamente de igual modo que Jesús y Dios son de uno por lo que respecta a Dios -de un Espíritu, de una naturaleza, de una sustancia-, por lo que respecta al hombre, Cristo y el hombre son "de uno": de una carne, de una naturaleza, de una sustancia.

La semejanza de Cristo con Dios, y la semejanza de Cristo con el hombre, lo son en sustancia, tanto como en forma. De otra manera, no tendría sentido el primer capítulo de Hebreos, en tanto que introducción del segundo. Carecería de sentido la antítesis presentada entre ambos capítulos. El primer capítulo resultaría vacío de contenido, fuera de lugar, en tanto que introducción del siguiente.

Capítulo 4—"Él También Participó de lo Mismo"

El primer capítulo de Hebreos muestra que la semejanza de Cristo con Dios no lo es simplemente en la forma o representación, sino también en la propia sustancia; y el segundo capítulo revela con la misma claridad que su semejanza con el hombre no lo es simplemente en la forma o representación, sino en la sustancia misma. Es semejanza con los hombres, tal como éstos son en todo respecto, exactamente tal como son. Por lo tanto, está escrito: "En el principio era el Verbo, y el Verbo era con Dios, y el Verbo era Dios... y aquel Verbo fue hecho carne, y habitó entre nosotros" (Juan 1:1-14).

Y que eso se refiere a semejanza al hombre tal como éste es en su naturaleza caída –pecaminosa- y no tal como fue en su naturaleza original –impecable-, se constata en el texto: "vemos... por el padecimiento de muerte, a aquel Jesús que es hecho un poco menor que los ángeles". Por lo tanto, vemos que Jesús fue hecho, en su situación como hombre, de la forma en que el hombre era, cuando éste fue sujeto a la muerte.

Por lo tanto, tan ciertamente como vemos a Jesús hecho menor que los ángeles, hasta el padecimiento de muerte, vemos demostrado con ello que, como hombre, Jesús tomó la naturaleza del hombre tal como es éste desde que entró la muerte; y no la naturaleza del hombre tal como era antes de ser sujeto a la muerte.

Pero la muerte entró únicamente a causa del pecado: la muerte nunca habría podido entrar, de no haber entrado el pecado. Y vemos a Jesús hecho un poco menor que los ángeles, por el padecimiento de muerte. Por lo tanto, vemos a Jesús hecho en la naturaleza del hombre, como el hombre era desde que éste pecó, y no como era antes que el peca-do entrase. Lo hizo así para que fuese posible que "gustase la muerte por todos". Al hacerse hombre, para poder alcanzar al hombre, debía venir al hombre allí donde éste está. El hombre está sujeto a la muerte. De manera que Jesús debía hacerse hombre, tal como es éste desde que fue sujeto a la muerte.

"Porque convenía que aquel por cuya causa son todas las cosas, y por el cual todas las cosas subsisten, habiendo de llevar a la gloria a muchos hijos, hiciese consumado por aflicciones al autor de la salud de ellos". Heb. 2:10. Así, haciéndose hombre, convenía que viniese a ser hecho tal como el hombre es. El hombre está sometido a sufrimiento, por lo tanto, convenía que viniese allí donde el hombre está, en sus sufrimientos.

Antes de que el hombre pecase, no estaba en ningún sentido sujeto a sufrimientos. Si Jesús hubiese venido en la naturaleza del hombre tal como éste era antes que entrase el pecado, eso no habría sido más que venir en una forma y en una naturaleza en las cuales habría sido imposible para él conocer los sufrimientos del hombre, y por lo tanto no hubiese podido alcanzarlo para salvarlo. Pero dado que "convenía que aquel por cuya causa son todas las cosas, y por el cual todas las cosas subsisten, habiendo de llevar a la gloria a muchos hijos, hiciese consumado por aflicciones al autor de la salud de ellos", está claro que Jesús, al hacerse hombre, compartió la naturaleza del hombre como éste es desde que vino a ser sujeto al sufrimiento, y sufrimiento de muerte, que es la paga del pecado.

Leemos: "Así que, por cuanto los hijos participaron de carne y sangre, él también participó de lo mismo" (vers. 14). Cristo, en su naturaleza humana, tomó la misma carne y sangre que tienen los hombres. En una sola frase encontramos todas las palabras que cabe emplear para hacer positiva y clara la idea.

Los hijos de los hombres son participantes de carne y sangre; y por eso, él participó de carne y sangre.

Pero eso no es todo: además, participó de la misma carne y sangre de la que son participantes los hijos.

Es decir, participó -de igual manera- de la misma carne y sangre que los hijos.

El Espíritu de la inspiración desea hasta tal punto que esa verdad sea clarificada, destacada y comprensible para todos, que no se contenta con utilizar menos que todas cuan-tas palabras puedan usarse para hablarnos de ello. Y es así como se declara que tan precisa y ciertamente como "los hijos participaron de carne y sangre, él también participó de lo mismo" -de la misma carne y sangre.

Y eso lo hizo para "por la muerte... librar a los que por el temor de la muerte estaban por toda la vida sujetos a servidumbre". Participó de la misma carne y sangre que nosotros tenemos en la servidumbre al pecado y el temor de la muerte, a fin de poder liberarnos de la servidumbre al pecado y el temor de la muerte.

Así, "el que santifica y los que son santificados, de uno son todos: por lo cual no se avergüenza de llamarlos hermanos".

Esta gran verdad del parentesco de sangre, la hermandad de sangre de Cristo con el hombre, se enseña en el evangelio en Génesis. Cuando Dios hizo su pacto eterno con Abraham, las víctimas de los sacrificios se cortaron en dos trozos, y Dios y Abraham pasa-ron entre ambas partes (Gén. 15:8-18; Jer. 34:18 y 19; Heb. 7:5 y 9). Por medio de este acto el Señor entraba en el pacto más solemne de los conocidos por los orientales y por toda la humanidad: el pacto de sangre, haciéndose así hermano de sangre de Abraham, una relación que sobrepasa cualquier otra en la vida.

Esta gran verdad del parentesco de sangre de Cristo con el hombre se desarrolla aún más en el evangelio en Levítico. En el evangelio en Levítico encontramos el registro de la ley de la redención –o rescate- del hombre y sus heredades. Cuando alguno de los hijos de Israel había perdido su heredad, o bien si él mismo había venido a ser hecho esclavo, existía provisión para su rescate. Si él era capaz de redimirse, o de redimir su heredad por sí mismo, lo hacía. Pero si no era capaz por sí mismo, entonces el derecho de rescate recaía en su pariente de sangre más próximo. No recaía meramente en algún pariente próximo entre sus hermanos, sino precisamente en aquel que fuese el más próximo en parentesco, con tal que éste pudiera (Lev. 25:24-28, 47-49; Ruth 2:20; 3:9, 12 y 13; 4:1-14).

Así, según Génesis y Levítico, se enseñó durante toda esa época lo que encontramos aquí enunciado en el segundo capítulo de Hebreos: la verdad de que el hombre ha perdido su heredad y él mismo está en esclavitud. Y dado que por sí mismo no se puede redimir, ni puede redimir su heredad, el derecho de rescate recae en el pariente más próximo que pueda hacerlo. Y Jesucristo es el único en todo el universo que tiene esa capacidad.

Pero para ser el Redentor debe tener, no sólo el poder, sino también el parentesco de sangre. Y debe ser, no solamente próximo, sino el pariente de sangre más próximo. Así, "por cuanto los hijos" –los hijos del hombre que perdió la heredad– "participaron de carne y sangre, él también participó de lo mismo". Compartió con nosotros la carne y sangre en su misma sustancia, haciéndose así nuestro pariente más próximo. Por ello puede decirse con respecto a él y a nosotros: "de uno son todos: por lo cual no se avergüenza de llamarlos hermanos".

Pero la Escritura no se detiene aquí, una vez constatada esa verdad capital. Dice más: "Porque ciertamente no tomó a los ángeles, sino a la simiente de Abraham tomó. Por lo cual, debía ser en todo semejante a los hermanos", siendo hecho él mismo hermano de ellos en la confirmación del pacto eterno.

Y eso lo hizo con un fin: "porque en cuanto él mismo padeció siendo tentado, es poderoso para socorrer a los que son tentados", ya que se puede "compadecer de nuestras flaquezas", habiendo sido "tentado en todo según nuestra semejanza, pero sin pecado" (Heb. 4:15). Habiendo sido hecho en su naturaleza humana, en todas las cosas como nosotros, pudo ser -y fue- tentado en todas las cosas como lo somos nosotros. La única forma en la que él podía ser "tentado en todo según nuestra semejanza" es siendo hecho "en todo semejante a los hermanos".

Puesto que en su naturaleza humana es uno de nosotros, y puesto que "él mismo tomó nuestras enfermedades" (Mat. 8:17), puede "compadecerse de nuestras enfermedades". Habiendo sido hecho en todas las cosas como nosotros, cuando fue tentado sintió justamente como sentimos nosotros cuando somos tentados, y lo conoce todo al respecto: y de esa forma es poderoso para auxiliar y salvar plenamente a todos cuantos lo reciben. Dado que en su carne, y como él mismo en la carne, era tan débil como lo somos nosotros, no pudiendo por él mismo "hacer nada" (Juan 5:30), cuando "llevó él nuestras enfermedades, y sufrió nuestros dolores" (Isa. 53:4) y fue tentado como lo somos nosotros -sintiendo como nosotros sentimos-, por su fe divina lo conquistó todo por el poder de Dios que esa fe le traía, y que en nuestra carne nos ha traído a nosotros.

Por lo tanto "llamarás su nombre Emmanuel, que declarado es: con nosotros Dios". No solamente Dios con él, sino Dios con nosotros. Dios era con él desde la eternidad, y lo hubiese podido seguir siendo aunque no se hubiera dado por nosotros. Pero el hombre, por el pecado, quedó privado de Dios, y Dios quiso venir de nuevo a nosotros. Por lo tanto, Jesús se hizo "nosotros", a fin de que Dios con él pudiese venir a ser "Dios con nosotros". Y ese es su nombre, porque eso es lo que él es. Alabado sea su nombre.

Y esa es "la fe de Jesús", y su poder. Ese es nuestro Salvador: uno con Dios y uno con el hombre; "en consecuencia, puede también salvar plenamente a los que por él se acercan a Dios".

Capítulo 5—"Hecho Súbdito a La Ley"

"Cristo Jesús... siendo en forma de Dios... se anonadó [despojó] a sí mismo, tomando forma de siervo, hecho semejante a los hombres" (Fil. 2:5-7). Fue hecho semejante a los hombres, como son los hombres, precisamente donde éstos están.

"El Verbo fue hecho carne". "Participó de lo mismo", de la misma carne y sangre de la que son participantes los hijos de los hombres, en la condición en la que están desde que el hombre cayera en el pecado. Y así está escrito que "venido el cumplimiento del tiempo, Dios envió su Hijo, hecho... súbdito a la ley [nacido bajo la ley]".

Estar bajo la ley es ser culpable, condenado, y sujeto a la maldición. Está escrito: "sabemos que todo lo que la ley dice, a los que están bajo la ley lo dice, [para que... todo el mundo aparezca culpable ante el juicio de Dios]. Eso es así "por cuanto todos pecaron, y están destituidos de la gloria de Dios" (Rom. 3:19 y 23; 6:14).

Y la culpabilidad de pecado trae la maldición. En Zacarías 5:1-4, el profeta contempló "un rollo que volaba... de veinte codos de largo, y diez codos de ancho". El Señor le dijo: "ésta es la maldición que sale sobre la haz de toda la tierra". Y ¿cuál es la causa de esa maldición que sale sobre la haz de toda la tierra? Ésta: "porque todo aquel que hurta, (como está de la una parte del rollo) será destruido; y todo aquel que jura, (como está de la otra parte del rollo) será destruido".

El rollo es la ley de Dios. Se cita un mandamiento de cada una de las tablas, mostrando que ambas están incluidas. Todo aquel que roba -que transgrede la ley en lo referente a la segunda tabla- será destruido, de acuerdo con esa parte de la ley; y todo el que jura -transgrede en relación con la primera tabla de la ley- será destruido, de acuerdo con esa parte de la ley.

Los escribanos celestiales no necesitan tomar registro de los pecados particulares de ca-da uno; es suficiente con anotar en el rollo correspondiente a cada hombre, el mandamiento particular que se ha violado en cada transgresión. Ese rollo de la ley va acompañando a cada uno, allá donde él vaya, hasta permanecer en su misma casa, como demuestran las palabras: "Yo la saqué, dice Jehová de los ejércitos, y vendrá a la casa del ladrón, y a la casa del que jura falsamente en mi nombre; y permanecerá en medio de su casa".

Y a menos que se encuentre un remedio, ese rollo de la ley permanecerá allí hasta que la maldición consuma a ese hombre y a su casa, "con sus enmaderamientos y sus piedras", esto es, hasta que la maldición devore la tierra en aquel gran día en que los elementos, ardiendo, serán deshechos. "Ya que el aguijón de la muerte es el pecado", y la maldición del pecado, "la ley". (1 Cor. 15:56; Isa. 24:5 y 6; 2 Ped. 3:10-12).

Pero afortunadamente, "Dios envió a su Hijo, nacido de mujer, nacido bajo la ley, para redimir a los que estaban bajo la ley" (Gál. 4:4 y 5). Viniendo como lo hizo, trajo redención a toda alma que se encuentra bajo la ley. Pero a fin de traer perfectamente esa redención a quienes están bajo la ley, Él mismo ha de venir a los hombres precisamente en el lugar donde se encuentran, y de la forma en que se encuentran: bajo la ley.

Jesús asumió todo eso, ya que fue "hecho súbdito a la ley"; fue hecho "culpable"; fue hecho condenado por la ley; fue "hecho" tan culpable como lo es todo hombre que está bajo la ley. Fue "hecho" bajo condenación, tan plenamente como lo es todo hombre que ha violado la ley. Fue "hecho" bajo la maldición, tan completamente como lo haya sido o pueda serlo jamás todo hombre en este mundo, "porque maldición de Dios es el colgado [en el madero]" (Deut. 21:23).

La traducción literal del hebreo es como sigue: "aquel que cuelga del madero es la maldición de Dios". Y esa es precisamente la fuerza del hecho respecto a Cristo, ya que se nos dice que fue "hecho maldición". Así, cuando fue hecho bajo la ley, fue hecho todo lo que significa estar bajo la ley. Fue hecho culpable; fue hecho condenado; fue hecho maldición.

Pero manténgase siempre presente que todo eso, "fue hecho". En sí mismo, él no era nada de eso por defecto innato, sino que "fue hecho" todo eso. Y todo cuanto fue hecho, lo fue por nosotros; por nosotros que estamos bajo la ley; por nosotros que estamos bajo la condenación debido a la transgresión de la ley; por nosotros que estamos bajo maldición por haber jurado, mentido, matado, robado, cometido adulterio, y toda otra infracción del rollo de la ley de Dios, ese rollo que va con nosotros y que permanece en nuestra casa.

Fue hecho bajo la ley, para redimir a los que están bajo la ley. Fue hecho maldición, para redimir a quienes están bajo maldición, A CAUSA de estar bajo la ley.

Pero sea quien sea el beneficiario de lo realizado, y sea lo que sea lo conseguido con su cumplimiento, no se olvide jamás el hecho de que, a fin de poder realizarlo, él tuvo que ser "hecho" lo que ya eran previamente aquellos en cuyo beneficio lo realizó.

Por lo tanto, todo aquel -en cualquier parte del mundo- que conozca el sentimiento de culpa, necesariamente conoce lo que Cristo sintió por él; y por esa razón conoce cuán cercano a él vino Jesús. Todo aquel que sabe lo que es la condenación, conoce exactamente lo que Cristo sintió por él, y comprende así cuan perfectamente capaz es Jesús de simpatizar con él y de redimirlo. Cualquiera que conozca la maldición del pecado, "cuando cualquiera sintiere la plaga de su corazón" (1 Rey. 8:38), en eso puede tener una idea exacta de cuanto Jesús experimentó por él, y de cuán plenamente se identificó Jesús -en su misma experiencia- con él.

Llevando la culpa, estando bajo condenación, y de esa forma bajo el peso de la maldición, Jesús, durante toda una vida en este mundo de culpa, condenación y maldición, vivió la perfecta vida de la justicia de Dios sin pecar absolutamente jamás. Y todo hombre conocedor de la culpa, condenación y maldición del pecado, sabiendo que Jesús realmente sintió en su experiencia todo eso precisamente tal como lo siente el hombre, si además ese hombre cree en Jesús, podrá conocer por propia experiencia la bendición de la perfecta vida de justicia de Dios en su vida, redimiéndole de culpa, de condenación y de maldición, manifestándose a todo lo largo de su vida, guardándole absolutamente de pecar.

Cristo fue hecho bajo la ley, para que pudiese redimir a los que estaban bajo la ley. Y la bendita obra se cumple para toda alma que acepte una redención tal.

"Cristo nos redimió de la maldición de la ley, hecho por nosotros maldición". No es en vano que se hizo maldición, ya que justamente en eso radica la consecución del fin buscado, en beneficio de todo aquel que lo reciba. Todo eso se hizo "para que la bendición de Abraham fuese sobre los gentiles en Cristo Jesús; para que por la fe recibamos la promesa del Espíritu" (Gál. 3:14).

Una vez más, sea cual sea el fin buscado y su cumplimiento, debe tenerse siempre presente el hecho de que, en su condescendencia, en el anonadarse a sí mismo y ser "hecho semejante a los hombres", y en su "hecho carne", Cristo fue hecho bajo la ley, culpable -bajo condenación, bajo maldición- de una forma tan plena y real como lo es toda alma que haya de ser redimida.

Y habiendo pasado por todo ello, vino a ser el autor de eterna salvación, pudiendo salvar plenamente, aún a partir de la más profunda sima, a los que por él se allegan a Dios.

Capítulo 6—"Hecho de mujer"

¿De qué forma fue Cristo hecho carne? ¿Cómo vino a participar de la naturaleza humana? Exactamente de la misma manera en que venimos a serlo cada uno de nosotros, los hijos de los hombres. Ya que está escrito: "Por cuanto los hijos [del hombre] participaron de carne y sangre, él también participó de lo mismo".

"También... de lo mismo" significa "de la misma manera", "del mismo modo", "igualmente". Así, participó de la "misma" carne y sangre que tienen los hombres, de la misma manera en que los hombres participan de ellas. Y esa manera es mediante el nacimiento: así es como él participó de lo mismo. Dice pues la Escritura, con toda propiedad, que "un niño nos es nacido".

En armonía con lo anterior, leemos que "Dios envió su Hijo, hecho de mujer" (Gál. 4:4). Habiendo sido hecho de mujer en este mundo, fue hecho de la única clase de mujer que este mundo conoce.

Pero, ¿por qué debía ser hecho de mujer?, ¿por qué no de hombre (varón)? Por la sencilla razón de que ser hecho de hombre no le habría aproximado suficientemente al género humano, tal como es el género humano bajo el pecado. Fue hecho de mujer a fin de descender hasta lo último, hasta el último rincón de la naturaleza humana en su pecar.

Para conseguir eso debía ser hecho de mujer, dado que fue la mujer -y no el hombre- quien cayó primero y originalmente en la transgresión. "Adán no fue engañado, sino la mujer, siendo seducida, vino a ser envuelta en transgresión" (1 Tim. 2:14).

Si hubiese sido hecho simplemente de la descendencia del hombre, no habría alcanzado la plena profundidad del terreno del pecado, ya que la mujer pecó, de forma que el pe-cado estaba en el mundo, antes de que el varón pecara.

Cristo fue, pues, hecho de mujer, con el fin de poder enfrentar el gran mundo de pecado, desde el mismo punto de su entrada en él. Si hubiese sido hecho de otra cosa que no fuese de mujer, habría quedado a medio camino, lo que habría significado en realidad la total imposibilidad de redimir del pecado a los hombres.

Sería la "simiente de la mujer" quien heriría la cabeza de la serpiente; y es solamente en tanto que "simiente de la mujer", y en tanto que "hecho de mujer", como podría enfrentar a la serpiente en su propio terreno, precisamente allí donde entró el pecado en este mundo.

Fue la mujer -en este mundo- quien se implicó en transgresión primeramente. Fue a través de ella como entró originalmente el pecado. Por lo tanto, para redimir del pecado a los hijos de los hombres, Aquel que sería el Redentor debía ir más allá del hombre, a encontrar el pecado que estuvo en el mundo antes que el varón pecara.

Es por eso que Cristo, que vino para redimir, fue "hecho de mujer". Siendo "hecho de mujer" pudo seguir el rastro al pecado hasta los orígenes de su mismo punto de entrada en el mundo, a través de la mujer. Y así, para venir al encuentro del pecado en el mundo y erradicarlo hasta exterminar el último vestigio de él, es de lógica que debiese compartir la naturaleza humana, tal como es ésta desde la entrada del pecado.

De no haber sido así, no habría habido ninguna razón por la que debiera ser "hecho de mujer". Si no fue para venir en el más estrecho contacto con el pecado, tal como éste está en el mundo, tal como está en la naturaleza humana; si hubiese tenido que separar-se en el más mínimo grado de él tal como lo encontramos en la naturaleza humana, entonces no tenía por qué ser "hecho de mujer".

Pero dado que fue hecho de mujer, no de hombre; dado que fue hecho de aquella por quien el pecado entró en el mundo en su mismo origen; y no del hombre, quien entró en el pecado después de que éste hubiera ya entrado en el mundo, en esto se demuestra más allá de toda posible duda que entre Cristo y el pecado en este mundo, y entre Cristo y la naturaleza humana tal como está bajo el pecado en el mundo, no hay ningún tipo de separación, ni en el más mínimo grado. Fue hecho carne; fue hecho pecado. Fue hecho carne tal como es la carne, precisamente tal como es la carne en este mundo, y fue he-cho pecado, precisamente como es el pecado.

Y todo eso fue necesario con el fin de redimir a la humanidad perdida. El separarse en lo más mínimo, en el sentido que fuese, de la naturaleza de aquellos a quienes vino a redimir, habría significado el completo fracaso.

Por lo tanto, en cuanto que fue "hecho bajo la ley", porque bajo la ley están los que vino a redimir, y en cuanto que fue hecho maldición, ya que bajo la maldición están quienes vino a redimir, y que fue hecho pecado, porque los que vino a redimir son pecadores, "vendidos a sujeción del pecado", precisamente así debía ser hecho carne, y la "misma" carne y sangre, porque son carne y sangre aquellos a quienes vino a redimir; y debía ser "hecho de mujer", porque el pecado estuvo en el mundo al principio, por y en la mujer.

Por consiguiente, es cierto, sin ningún tipo de excepción, que "debía ser en todo semejan-te a los hermanos" (Heb. 2:17).

Si no hubiese sido hecho de la misma carne que aquellos a quienes vino a redimir, entonces no sirve absolutamente de nada el que se hiciese carne. Más aún: Puesto que la única carne que hay en este vasto mundo que vino a redimir, es esta pobre, pecaminosa y perdida carne humana que posee todo hombre, si esa no es la carne de la que él fue hecho, entonces él no vino realmente jamás al mundo que necesita ser redimido. Si vino en una naturaleza humana diferente a la que existe realmente en este mundo, entonces, a pesar de haber venido, para todo fin práctico de alcanzar y auxiliar al hombre, estuvo tan lejos de él como si nunca hubiera venido. De haber sido así, hubiera estado tan lejos en su naturaleza humana y habría sido tan de otro mundo como si nunca hubiera venido al nuestro.

No hay ninguna duda de que Cristo, en su nacimiento, participó de la naturaleza de Ma-ría -la "mujer" de la cual fue "hecho"-. Pero la mente carnal se resiste a admitir que Dios, en la perfección de su santidad, accediese a venir hasta la humanidad, allí donde ésta está en su pecaminosidad. Por lo tanto, se han hecho esfuerzos para escapar a las consecuencias de esta gloriosa verdad que implica el desprendimiento del yo, inventando una teoría según la cual la naturaleza de la virgen María sería diferente de la del resto de la humanidad: que su carne no sería exactamente tal como la que es común a toda la humanidad. Esa invención pretende que, por cierto extraño proceso, María fue hecha diferente al resto de los seres humanos, con el particular propósito de que Cristo pudiera nacer de ella de la forma que convenía.

Tal invento culminó en lo que se conoce como el dogma católico de la inmaculada concepción. Muchos protestantes, si no la gran mayoría de ellos, junto a otros no católicos, creen que la inmaculada concepción se refiere a la concepción de Jesús por parte de la virgen María. Pero eso es un craso error. No se refiere en absoluto a la concepción de Cristo por María, sino a la concepción de la misma María, por parte de la madre de ella.

La doctrina oficial e "infalible" de la inmaculada concepción, tal como se la define solemnemente en tanto que artículo de fe, por el papa Pío IX hablando ex cathedra, el 8 de diciembre de 1854, es como sigue:

"Por la autoridad de nuestro Señor Jesucristo, de los benditos apóstoles Pedro y Pablo, y por nuestra propia autoridad, declaramos, pronunciamos y definimos que la doctrina que sostiene que la muy bendita virgen María, en el primer instante de su concepción, por una gracia y privilegio especiales del Dios Todopoderoso, a la vista de los méritos de Jesús, el salvador de la humanidad, fue preservada libre de toda tacha de pecado original, es una doctrina que ha sido revelada por Dios, y por lo tanto, debe ser sólida y firme-mente creída por todos los fieles.

Por lo tanto, si alguien pretendiera -cosa que Dios impida- pensar en su corazón de forma diferente a la que nosotros hemos definido, sepa y entienda que su propio juicio lo condena, que su fe naufragó y que ha caído de la unidad de la Iglesia" (Catholic Belief, p. 14).

Escritores católicos definen ese concepto en los siguientes términos:

El antiguo escrito, "De Nativitate Christi", encontrado en las obras de San Cipriano, dice: Siendo que [María] era "muy diferente del resto del género humano, le fue comunicada la naturaleza humana, pero no el pecado".

Teodoro, patriarca de Jerusalén, dijo en el segundo concilio de Niza que María "es verdaderamente la madre de Dios, y virgen antes y después del parto; y fue creada en una condición más sublime y gloriosa que toda otra naturaleza, sea esta intelectual o corporal" (Id., p. 216 y 217).

Eso sitúa llanamente la naturaleza de María más allá de toda posible semejanza o relación con el género humano o la naturaleza humana, tal como ésta es. Teniendo lo anterior claramente presente, sigamos esa invención en su paso siguiente. Será en las palabras del cardenal Gibbons:

"Afirmamos que la segunda persona de la bendita Trinidad, el Verbo de Dios, quien es en su naturaleza divina, desde la eternidad, engendrado del Padre, consubstancial con él, venido el cumplimiento del tiempo fue nuevamente engendrado al nacer de la virgen, tomando de esa forma para sí mismo, de la matriz materna, una naturaleza humana de la misma sustancia que la de ella. En la medida en que el sublime misterio de la encarnación puede ser reflejado por el orden natural, la bienaventurada virgen María, bajo la intervención del Espíritu Santo, comunicando a la segunda persona de la trinidad, tal como hace toda madre, una verdadera naturaleza humana de la misma sustancia que la suya propia, es real y verdaderamente su madre" (Faith of Our Fathers, p. 198 y 199).

Ahora relacionemos ambas cosas. En primer lugar, vemos la naturaleza de María definida como siendo no sólo "muy diferente del resto del género humano", sino "más sublime y gloriosa que toda otra naturaleza", situándola así infinitamente más allá de toda semejanza o relación con el género humano, tal como realmente somos.

En segundo lugar, se describe a Jesús tomando de María una naturaleza humana de la misma sustancia que ella.

Según esa teoría, se deduce -como que dos y dos suman cuatro- que en su naturaleza humana el Señor Jesús es "muy diferente" del resto de la humanidad; verdaderamente su naturaleza no es la humana en absoluto.

Tal es la doctrina católica romana sobre la naturaleza humana de Cristo. Consiste simplemente en que esa naturaleza no es de ninguna manera la naturaleza humana, sino la divina: "más sublime y gloriosa que toda otra naturaleza". Consiste en que en su naturaleza humana, Cristo estuvo hasta tal punto separado del género humano como para ser totalmente diferente del resto de la humanidad: que la suya fue una naturaleza en la cual no pudo tener ninguna clase de identificación de sentimientos con los hombres.

Pero esa no es la fe de Jesús. La fe de Jesús es: "por cuanto los hijos participaron de carne y sangre, él también participó de lo mismo".

La fe de Jesús es que Dios envió a su Hijo "en semejanza de carne de pecado".

La fe de Jesús es que "debía ser en todo semejante a los hermanos".

Es que "Él mismo tomó nuestras enfermedades", y que se puede "compadecer de nuestras flaquezas", habiendo sido tentado en todos los respectos de igual forma en que lo somos nosotros. Si no hubiese sido como nosotros, no habría podido ser tentado como lo somos nosotros. Pero él fue "tentado en todo según nuestra semejanza". Por lo tanto, fue "en todo" "según nuestra semejanza".

En las citas que en este capítulo hemos dado sobre la fe católica, hemos presentado la postura de Roma a propósito de la naturaleza de Cristo y de María. En el segundo capítulo de Hebreos y pasajes similares de la Escritura vemos reflejada, y en este estudio nos hemos esforzado por exponerla de la forma en que la Biblia la presenta, la fe de Jesús al respecto de su naturaleza humana.

La fe de Roma en relación con la naturaleza de Cristo y de María, y también de nuestra naturaleza, parte de esa noción de la mente natural según la cual Dios es demasiado puro y santo como para morar con nosotros y en nosotros, en nuestra naturaleza humana pecaminosa: tan pecaminosos como somos, estamos demasiado distantes de él en su pureza y santidad, demasiado distantes como para que él pueda venir a nosotros tal como somos.

La verdadera fe -la fe de Jesús- es que, alejados de Dios como estamos en nuestra pecaminosidad, en nuestra naturaleza humana que él tomó, vino a nosotros justamente allí donde estamos; que, infinitamente puro y santo como es él, y pecaminosos, degradados y perdidos como estamos nosotros, Dios, en Cristo, a través de su Espíritu Santo, quiere voluntariamente morar con nosotros y en nosotros para salvarnos, para purificarnos, y para hacernos santos.

La fe de Roma es que debemos necesariamente ser puros y santos a fin de que Dios pue-da morar con nosotros.

La fe de Jesús es que Dios debe necesariamente morar con nosotros y en nosotros, a fin de que podamos ser puros y santos.

Capítulo 7—"La Ley de la Herencia"

"El Verbo fue hecho carne".

"Venido el cumplimiento del tiempo, Dios envió su Hijo, hecho de mujer" (Gál. 4:4).

"Jehová cargó en él el pecado de todos nosotros" (Isa. 53:6).

Hemos visto que Cristo, siendo hecho de mujer, alcanzó el pecado en el mismo punto de su entrada original a este mundo, y que era preciso que fuese hecho de mujer a fin de lograr ese fin. También hemos visto que la iniquidad fue puesta sobre él mediante los pecados reales de todos nosotros.

Todo el pecado existente, desde su origen en el mundo hasta el mismo final de éste, le fue cargado a Cristo: ambos, el pecado tal cual es en sí mismo, y tal cual es al cometerlo nosotros. El pecado en su tendencia, y el pecado en el acto: el pecado tal cual es hereditario en nosotros, no cometido por nosotros; y el pecado que cometemos.

Sólo de esta forma podía ser cargado en él el pecado de todos nosotros. Solo sujetándose él mismo a la ley de la herencia podía alcanzar al pecado en su auténtica y verdadera dimensión, tal como es en realidad. De no ser así, le habrían sido cargados los pecados que nosotros hemos efectivamente cometido, con la culpa y condenación que les corresponden. Pero más allá de eso, hay en toda persona, en muchas maneras, la tendencia al pecado, heredada desde pasadas generaciones, que no ha culminado todavía en el acto de pecar, pero que está siempre dispuesta, cuando la ocasión lo permite, a consumarse en la comisión efectiva de pecados. El gran pecado de David es una buena ilustración de lo anterior (Sal. 51:5; 2 Sam. 11:2).

Al librarnos del pecado, no es suficiente que seamos salvos de los pecados que hemos efectivamente cometido: debemos ser también librados de cometer otros pecados. Y para que eso sea así, debe ser afrontada y sometida esa tendencia hereditaria al pecado; debemos ser poseídos por el poder que nos guarde de pecar, un poder para vencer esa tendencia o propensión hereditaria hacia el pecado que hay en nosotros.

Todos los pecados que hemos realmente cometido fueron cargados sobre él, le fueron imputados, para que su justicia se nos pudiese cargar a nosotros: para que nos pudiese ser imputada. También le fue cargada nuestra tendencia al pecado al ser hecho carne, al ser hecho de mujer, de la misma carne y sangre que nosotros, a fin de que su justicia pueda realmente manifestarse en nosotros en la vida cotidiana.

Así, afrontó el pecado en la carne que tomó y triunfó sobre él, como está escrito: "Dios enviando a su Hijo en semejanza de carne de pecado, y a causa del pecado, condenó al pecado en la carne". "Porque él es nuestra paz... dirimiendo en su carne las enemistades".

Y así, precisamente de igual forma en que los pecados que realmente hemos cometido le fueron imputados para que su justicia nos fuese imputada a nosotros; así, enfrentando y conquistando -en la carne- la tendencia al pecado, y manifestando justicia en esa misma carne, nos capacita a nosotros -en él, y él en nosotros- para enfrentar y conquistar en la carne esa misma tendencia al pecado, y manifestar justicia en esa misma carne.

Y es así como al respecto de los pecados que efectivamente hemos cometido, los peca-dos del pasado, su justicia se nos imputa a nosotros de igual manera en que nuestros pe-cados le fueron imputados a él. Y a fin de guardarnos de pecar se nos imparte su justicia en nuestra carne, lo mismo que nuestra carne, con su tendencia al pecado, le fue impartida a él. De esa manera es el Salvador completo. Nos salva de todos los pecados que hemos efectivamente cometido; y nos salva igualmente de todos los que podríamos cometer apartados de él.

Si no hubiese tomado la misma carne y sangre que comparten los hijos de los hombres, con su tendencia al pecado, entonces, ¿qué razón o filosofía justificaría el énfasis que se da en las Escrituras a su genealogía? Era descendiente de David; descendiente de Abraham; de Adán, y siendo hecho de mujer, alcanzó incluso lo que precedió la caída de Adán: los orígenes del pecado en el mundo.

En esa genealogía figura Joacim, cuya maldad hizo que fuese sepultado como un asno, "arrastrándole y echándole fuera de las puertas de Jerusalén" (Jer. 22:19); Manasés, quien hizo "desviarse a Judá y a los moradores de Jerusalén, para hacer más mal que las gentes que Jehová destruyó delante de los hijos de Israel"; Achaz, quien "había desnuda-do a Judá, y rebeládose gravemente contra Jehová"; Roboam, quien nació a Salomón después que éste hubiese abandonado al Señor; El mismo Salomón, quien nació de David y Betsabé; también Ruth, la moabita, y Rahab; lo mismo que Abraham, Isaac, Jessé, Asa, Josafat, Ezequías y Josías: los peores juntamente con los mejores. Y las acciones impías de hasta los mejores, nos son relatadas con idéntica fidelidad que las buenas. En toda esta genealogía, difícilmente encontraremos uno de cuya vida se haya dado referencia que no posea en su registro alguna mala acción.

Obsérvese que fue al final de esa genealogía cuando "aquel Verbo se hizo carne, y habitó entre nosotros". Fue "hecho de mujer" al final de una genealogía tal. Fue en una línea descendente como esa en la que Dios envió "a su Hijo en semejanza de carne de peca-do". Y esa línea descendente, esa genealogía, significó para él precisamente lo que significa para todo hombre, por la ley de que la maldad de los padres es visitada en los hijos, hasta la tercera y cuarta generación. Fue para él significativa en las terribles tentaciones del desierto, como lo fue a lo largo de toda su vida en la carne.

Fue de ambas maneras, por herencia y por imputación, como "Jehová cargó sobre él el pecado de todos nosotros". Y cargado así, con esa inmensa desventaja, recorrió triunfalmente el terreno en el que, sin ningún tipo de desventaja, había fallado la primera pareja.

Mediante su muerte pagó la penalidad de todos los pecados realmente cometidos, pudiendo así en buena ley atribuir su justicia a todos aquellos que elijan recibirla. Y por haber condenado el pecado en la carne, aboliendo en su carne la enemistad, nos libra del poder de la ley de la herencia; y puede así en justicia impartir su poder y naturaleza divinos a fin de elevarnos sobre esa ley, manteniendo por encima de ella a toda alma que lo reciba.

Y así leemos que "venido el cumplimiento del tiempo, Dios envió su Hijo, hecho de mujer, hecho súbdito a la ley" (Gál. 4:4). Y "Dios enviando a su Hijo en semejanza de carne de pecado, y a causa del pecado, condenó al pecado en la carne; para que la justicia de la ley fuese cumplida en nosotros, que no andamos conforme a la carne, más conforme al Espíritu" (Rom. 8:3 y 4). "Porque él es nuestra paz,... dirimiendo en su carne las enemistades,... para edificar en sí mismos los dos [Dios y el hombre] en un nuevo hombre, haciendo la paz" (Efe. 2:14 y 15).

"Por lo cual, debía ser en todo semejante a los hermanos,... porque en cuanto él mismo padeció siendo tentado, es poderoso para socorrer a los que son tentados".

Sea que la tentación venga del interior o del exterior, él es el perfecto escudo contra ella; en consecuencia, salva plenamente a los que por él se allegan a Dios.

Dios, enviando a su propio Hijo en semejanza de carne de pecado, Cristo tomando nuestra naturaleza tal como es ésta, en su degeneración y pecaminosidad, y Dios morando constantemente con él y en él en esa naturaleza; en todo eso Dios demostró a todos, por los siglos, que no hay ser en este mundo tan cargado con pecados, o tan perdido, que Dios no se complazca en morar con él y en él para salvarlo de todo ello, y para llevarlo por el camino de la justicia de Dios.

Y su nombre es con toda propiedad Emmanuel, que declarado es: "Dios con nosotros".

Capítulo 8—"En Todo Semejante"

Es primordial reconocer que el tema de los dos primeros capítulos de Hebreos es la persona de Cristo, específicamente en lo relativo a su naturaleza y sustancia. En Filipenses 2:5-8 vemos a Cristo en relación con Dios y con el hombre, haciendo mención particular de su naturaleza y forma. "Haya, pues, en vosotros este sentir que hubo también en Cristo Jesús: el cual, siendo en forma de Dios, no tuvo por usurpación ser igual a Dios: Sin embargo, se anonadó a sí mismo, tomando forma de siervo, hecho semejante a los hombres; y hallado en la condición como hombre, se humilló a sí mismo, hecho obediente hasta la muerte, y muerte de cruz".

Cuando Jesús se anonadó a sí mismo, se hizo hombre: y Dios se reveló en el Hombre. Cuando Jesús se anonadó a sí mismo, por un lado se reveló el hombre, y por otro lado, se reveló Dios. Así, en él, ambos -Dios y el hombre- se encontraron en paz, y fueron uno: "porque él es nuestra paz, que de ambos [Dios y el hombre] hizo uno,... dirimiendo en su carne las enemistades,... para edificar en sí mismo los dos [Dios y el hombre] en un nuevo hombre, haciendo la paz" (Efe. 2:14 y 15).

El que fue en forma de Dios tomó la forma de hombre.

El que era igual a Dios se hizo igual al hombre.

El que era Creador y Señor se hizo criatura y siervo.

El que era en semejanza de Dios se hizo en semejanza de hombre.

El que era Dios y Espíritu, se hizo hombre y carne (Juan 1:1 y 14).

No es sólo cierto en cuanto a la forma; lo es también en cuanto a la sustancia, ya que Cristo era como Dios en el sentido de ser de su misma naturaleza y sustancia. Fue hecho como los hombres, en el sentido de serlo en la misma sustancia y naturaleza.

Cristo era Dios. Se hizo hombre. Y cuando se hizo hombre, fue tan realmente hombre como era realmente Dios.

Se hizo hombre a fin de poder redimir al hombre.

Vino al hombre allí donde éste está, para traer al hombre allí donde él estaba y está.

Con el fin de redimir al hombre de lo que éste es, fue hecho lo que es el hombre:

El hombre es carne (Gén. 6:3; Juan 3:6). "Y aquel Verbo fue hecho carne" (Juan 1:14; Heb. 2:14).

El hombre está bajo la ley (Rom. 3:19). Cristo fue "hecho súbdito a la ley" (Gál. 4:4).

El hombre está bajo la maldición (Gál. 3:10; Zac. 5:1-4). Cristo fue "hecho por nosotros maldición" (Gál. 3:13).

El hombre está vendido a sujeción de pecado (Rom. 7:14), y está cargado de maldad (Isa. 1:4). Y "Jehová cargó en él el pecado de todos nosotros" (Isa. 53:6).

El hombre es un "cuerpo del pecado" (Rom. 6:6). Y Dios lo "hizo pecado por nosotros" (2 Cor. 5:21).

Así, literalmente, "debía ser en todo semejante a los hermanos".

Sin embargo, no se debe olvidar jamás, debe quedar fijado en la mente y el corazón por siempre, que nada de lo relativo a la humanidad, carne, pecado y maldición que fue he-cho, partía de sí mismo, ni tuvo su origen en ninguna naturaleza o falta propias. Todo lo citado "fue hecho". "Tomando forma de siervo, hecho semejante a los hombres".

En todo ello Cristo fue "hecho" lo que anteriormente no era, a fin de que el hombre pu-diera ser, ahora y por siempre, aquello que no es.

Cristo era el Hijo de Dios. Se hizo el Hijo del hombre para que los hijos de los hombres pudiesen convertirse en hijos de Dios (Gál. 4:4; 1 Juan 3:1).

Cristo era Espíritu (1 Cor. 15:45). Se hizo carne con el objeto de que el hombre, que es carne, pueda ser hecho espíritu (Juan 3:6; Rom. 8:8-10).

Cristo, cuya naturaleza era divina, se hizo participante de la naturaleza humana para que nosotros, que tenemos naturaleza humana, seamos "hechos participantes de la naturaleza divina" (2 Ped. 1:4).

Cristo, quien no conoció pecado, fue hecho pecado, la pecaminosidad misma del hombre, para que nosotros, que no conocimos la justicia, pudiéramos ser hechos justicia, la justicia misma de Dios.

Del mismo modo que la justicia de Dios, la cual en Cristo es hecho el hombre, es justicia real, así el pecado del hombre, que Cristo fue hecho en la carne, era pecado real.

Tan ciertamente como nuestros pecados, cuando están sobre nosotros, nos resultan pe-cados reales, cuando esos pecados fueron cargados sobre él, resultaron para él pecados reales.

Tan ciertamente como la culpa va ligada a esos pecados, y a nosotros a causa de esos pecados cuando están sobre nosotros, así también esa culpa estuvo ligada a esos mismos pecados nuestros -y a él a causa de los mismos- cuando le fueron cargados sobre sí.

Así, la culpa, la condenación, la desolación causada por el conocimiento del pecado, fue-ron su parte, fueron un hecho en su experiencia consciente, tan real como lo sean en la vida de cualquier pecador que jamás haya existido en la tierra. Y esta sobrecogedora verdad trae a toda alma pecadora la constatación gloriosa de que "la justicia de Dios" y el descanso, la paz, el gozo de esa justicia, son un hecho en la experiencia consciente del creyente en Jesús en este mundo, de una forma tan real como lo sean en la vida de todo ser santo que jamás habitase el cielo.

Aquel que conocía la amplitud de la justicia de Dios, adquirió también el conocimiento de la profundidad de los pecados de la humanidad. Conoce el horror de la profundidad de los pecados de los hombres, tanto como la gloria de las alturas de la justicia de Dios. Y por ese, "su conocimiento, justificará mi siervo justo a muchos" (Isa. 53:11). Por ese conocimiento que él tiene, es poderoso para librar a todo pecador desde la mayor bajeza del pecado, y elevarlo hasta la mayor altura de justicia, la propia justicia de Dios.

Hecho "en todo" como nosotros, fue en todo punto como lo somos nosotros. Tan plenamente fue eso cierto, que pudo decir aquello que también nosotros debemos reconocer: "No puedo yo de mí mismo hacer nada" (Juan 5:30).

Fue totalmente cierto que en las debilidades y enfermedad de la carne -la nuestra, que él tomó- era como el hombre sin Dios y sin Cristo, ya que es solamente sin él como el hombre no puede hacer nada. Con él, y a través de él, está escrito: "todo lo puedo". Pero de los que están sin él, leemos: "sin mí nada podéis hacer" (Juan 15:5).

Por lo tanto, cuando dijo de sí mismo: "no puedo yo de mí mismo hacer nada", eso ase-gura de una vez por todas que en la carne -dado que él tomo todas nuestras enfermedades a causa de nuestra pecaminosidad hereditaria y efectiva que le fue cargada e impartida-, en esa carne él fue por sí mismo exactamente como el hombre que en la enferme-dad de la carne está cargado de pecados, efectivos y hereditarios, y está sin Dios. Y en esa debilidad, con la carga de los pecados, y desvalido como estamos nosotros, en la fe divina exclamó: "Yo confiaré en él" (Heb. 2:13).

Jesús "vino a buscar y a salvar lo que se había perdido". Y para ello, vino a los perdidos allí donde estamos. Se contó entre los perdidos. "Fue contado con los perversos". Fue "hecho pecado". Y desde la posición de la debilidad y enfermedad del perdido, confió en Dios, en que lo libraría y salvaría. Cargado con los pecados del mundo, y tentado en todo como nosotros, esperó y confió en que Dios lo salvaría de todos esos pecados, y que lo guardaría sin caída (Sal. 69:1-21; 71:1-20; 22:1-22; 31:1-5).

Esa es la fe de Jesús. Ese es el punto en el que la fe de Jesús alcanza al hombre perdido y pecador para auxiliarlo. Porque se demuestra plenamente que no hay un hombre en todo el mundo, para quien no haya esperanza en Dios: nadie hay tan perdido que no pueda ser salvo confiando en Dios, en esa fe de Jesús. Y esa fe de Jesús por la que -en el lugar del perdido- esperó y confió en Dios para salvarlo del pecado y para guardarle de pecar, esa victoria de Jesús es la que ha traído la fe divina a todo hombre en el mundo; por ella todo hombre puede esperar en Dios y confiar en él, y puede hallar el poder de Dios para librarle del pecado y guardarlo de pecar. La fe que él ejerció, y por la que obtuvo la victoria sobre el mundo, la carne y el diablo; esa fe, es el don gratuito a todo hombre perdido. Y así, "esta es la victoria que vence al mundo, nuestra fe". Es de esa fe, de la que Jesús es autor y consumador.

Esa es la fe de Jesús, que se da al hombre. Es la fe de Jesús que el hombre debe recibir para ser salvo. La fe de Jesús que ahora, en el tiempo de la proclamación del mensaje del tercer ángel, debe ser recibida y guardada por aquellos que serán librados de la adoración a "la bestia y su imagen", y capacitados para guardar los mandamientos de Dios. Esa es la fe de Jesús a la que aluden las palabras finales del mensaje del tercer ángel: "aquí están los que guardan los mandamientos de Dios, y la fe de Jesús".

Y la suma acerca de lo dicho es: "Tenemos tal pontífice". Lo contenido en los capítulos primero y segundo de Hebreos es el fundamento preliminar y básico de su sumo sacerdocio. "Por lo cual, debía ser en todo semejante a los hermanos, para venir a ser misericordioso y fiel Pontífice en lo que es para con Dios, para expiar los pecados del pueblo. Porque en cuanto él mismo padeció siendo tentado, es poderoso para socorrer a los que son tentados" (Heb. 2:17 y 18).

Capítulo 9—Calificaciones Adicionales de nuestro Sumo Sacerdote"

Tal es el tema de los dos primeros capítulos de Hebreos. Y así comienza también el tercero, o más bien así continúa ese gran tema, con la maravillosa exhortación: "Por tanto, hermanos santos, participantes de la vocación celestial, considerad al Apóstol y Pontífice de nuestra profesión, Cristo Jesús, el cual es fiel al que le constituyó". Habiendo presentado a Cristo en la carne, tal como fue hecho "en todo" como los hijos de los hombres, y habiéndolo presentado como a nuestro pariente de sangre más próximo, se nos invita ahora a considerarlo en la fidelidad que caracterizó su cometido.

El primer Adán no fue fiel. Este postrer Adán "es fiel al que le constituyó, como también lo fue Moisés sobre toda su casa [la casa de Dios]. Porque de tanto mayor gloria que Moisés éste es estimado digno, cuanto tiene mayor dignidad que la casa el que la fabricó. Porque toda casa es edificada de alguno: más el que crió todas las cosas es Dios. Y Moisés a la verdad fue fiel sobre toda su casa [la casa de Dios], como siervo, para testificar lo que se había de decir. Mas Cristo como hijo, [fue fiel] sobre su casa; la cual casa somos nosotros, si hasta el cabo retuviéremos firme la confianza y la gloria de la esperanza".

Seguidamente se cita a Israel, que salió de Egipto, que no permaneció fiel, que fracasó en entrar en el reposo del Señor porque no creyó en él. Entonces, a ese respecto, se nos hace a nosotros la exhortación: "temamos, pues, que quedando aún la promesa de entrar en su reposo, parezca alguno de vosotros haberse apartado. Porque también a nosotros se nos ha evangelizado como a ellos; mas no les aprovechó el oír la palabra a los que la oyeron sin mezclar fe. Empero entramos en el reposo los que hemos creído". Los que hemos creído en Aquel que se dio a sí mismo por nuestros pecados.

Entramos en el reposo cuando se nos perdonan todos los pecados al creer en él, quien fue fiel en todo deber y ante toda tentación de la vida. Entramos también en su reposo y permanecemos allí al hacernos participantes de su fidelidad, en la cual y por la cual nosotros también seremos fieles al que nos constituyó. Considerándolo a él -"Pontífice de nuestra profesión"- en su fidelidad, llegaremos siempre a la conclusión de que "no tenemos un Pontífice que no se pueda compadecer de nuestras flaquezas; mas tentado en todo según nuestra semejanza, pero sin pecado" (Heb. 4:15).

Dado que "no tenemos un Pontífice que no se pueda compadecer de nuestras flaquezas", se deduce que tenemos un Pontífice que se puede compadecer de ellas. Y la forma en la que se puede compadecer y se compadece de ellas, es habiendo sido "tentado en todo según nuestra semejanza". No existe un solo punto en el que toda alma pueda ser tentada, en el que él no fuese tentado exactamente de igual manera, y sintió la tentación tan verdaderamente como cualquier alma humana pueda sentirla. Pero aunque fue tentado en todo como nosotros y sintió el poder de la tentación de una forma tan real como cada uno de nosotros, en todo ello fue fiel, y pasó a través de todo ello "sin pecado". Y por la fe en él -en su fidelidad, en su fe perfecta- toda alma puede afrontar toda tentación y pasar a través de ella sin pecar.

Esa es nuestra salvación: que fue hecho carne como hombre, y debía ser en todo semejante a los hermanos y ser tentado en todo según nuestra semejanza, "para venir a ser misericordioso y fiel Pontífice en lo que es para con Dios". Y eso, no sólo "para expiar los pecados del pueblo", sino también para "socorrer" -auxiliar, acudir en ayuda de, asistir y liberar del sufrimiento- "a los que son tentados". Él es nuestro misericordioso y fiel Sumo Sacerdote para socorrernos -acudir en nuestro auxilio-, para guardarnos sin caída al ser tentados, librándonos así de caer en el pecado. Acude a sostenernos, de tal manera que no caigamos en la tentación, sino que la conquistemos, y nos elevemos victoriosamente sobre ella, no pecando.

"Por tanto, teniendo un gran Pontífice, que penetró los cielos, Jesús el Hijo de Dios, retengamos nuestra profesión" (Heb. 4:14). Y también por esa razón, "lleguémonos pues confiadamente al trono de la gracia, para alcanzar misericordia, y hallar gracia para el oportuno socorro".

Seguidamente, al invitarnos a considerar a nuestro Sumo Sacerdote en su fidelidad, leemos que "todo pontífice, tomado de entre los hombres, es constituido a favor de los hombres en lo que a Dios toca, para que ofrezca presentes y sacrificios por los pecados: Que se pueda compadecer de los ignorantes y extraviados, pues que él también está rodeado de flaqueza" (Heb. 5:1 y 2).

Y es por eso que, a fin de poder ser un misericordioso y fiel Sumo Sacerdote en lo que es para con Dios, y a fin de llevar a la gloria a muchos hijos, convenía que, en tanto que Capitán de la salvación de ellos, "él también estuviese rodeado de flaqueza", que padeciese siendo tentado, que fuese "varón de dolores, experimentado en quebranto". Así, "debía ser en todo" conocedor de la experiencia humana, para "que se pueda compadecer de los ignorantes y extraviados" verdaderamente. En otras palabras, a fin de poder "venir a ser misericordioso y fiel pontífice en lo que es para con Dios", debió ser hecho "consumado por aflicciones".

"Ni nadie toma para sí la honra [del sacerdocio], sino el que es llamado de Dios, como Aarón. Así también Cristo no se glorificó a sí mismo haciéndose Pontífice, mas el que le dijo: Tu eres mi Hijo, yo te he engendrado hoy; Como también dice en otro lugar: Tú eres sacerdote eternamente, según el orden de Melchisedec. El cual, en los días de su carne, ofreciendo ruegos y súplicas con gran clamor y lágrimas al que le podía librar de la muer-te, fue oído por su reverencial miedo. Y aunque era Hijo, por lo que padeció aprendió la obediencia; Y consumado [habiendo sido probado hasta la perfección, en todos los pun-tos], vino a ser causa de eterna salud a todos los que le obedecen; Nombrado de Dios pontífice según el orden de Melchisedec" (Heb. 5:4-10).

"Y por cuanto no fue sin juramento, (porque los otros [los del sacerdocio levítico] cierto sin juramento fueron hechos sacerdotes; más éste, con juramento por el que le dijo: Juró el Señor y no se arrepentirá: Tu eres sacerdote eternamente según el orden de Melchisedec): tanto de mejor testamento es hecho fiador Jesús". Así, por sobre los demás, Jesús fue constituido sacerdote por juramento de Dios. Por lo tanto, "tenemos tal Pontífice".

Además, "los otros [de la orden de Aarón] cierto fueron muchos sacerdotes, en cuanto por la muerte no podían permanecer. Mas éste, por cuanto permanece para siempre, tiene un sacerdocio inmutable" (Heb. 7:20-24). Es constituido sacerdote para siempre mediante juramento de Dios. Es también hecho sacerdote "según la virtud de vida indisoluble" (Heb. 7:16). Como consecuencia, "permanece para siempre" y por eso mismo "tiene un sacerdocio inmutable". Y debido a todo lo anterior, "puede también salvar eternamente a los que por él se allegan a Dios, viviendo siempre para interceder por ellos" (Heb. 7:25). "Tenemos tal Pontífice".

Y "tal pontífice nos convenía: santo, inocente, limpio, apartado de los pecadores, y hecho más sublime que los cielos; que no tiene necesidad cada día, como los otros sacerdotes, de ofrecer primero sacrificios por sus pecados, y luego por los del pueblo: porque esto lo hizo una sola vez, ofreciéndose a sí mismo. Porque la ley constituye sacerdotes a hombres flacos; más la palabra del juramento, después de la ley, constituye al Hijo [Sumo Sacerdote], hecho perfecto para siempre" (Heb. 7:26-28).

Capítulo 10—"La Suma"

"Así que, la suma acerca de lo dicho es: Tenemos tal pontífice".

¿De qué es esa declaración el resumen, o suma?

1. De que aquel que era superior a los ángeles como Dios, fue hecho inferior a ellos como hombre.

2. De que aquel que era de la naturaleza de Dios, fue hecho de la naturaleza del hombre.

3. De que aquel que era en todas las cosas como Dios, fue hecho en todas las cosas como el hombre.

4. De que como hombre fue tentado en todo punto, tal como lo es el hombre, y no pecó jamás, sino que fue en todo fiel al que lo constituyó.

5. De que como hombre fue tentado en todo punto como lo somos nosotros, pudiendo compadecerse de nuestras flaquezas, siendo perfeccionado por aflicciones para venir a ser misericordioso y fiel Pontífice; y eso, por llamado de Dios.

6. De que, según la virtud de vida indisoluble (eterna), fue constituido Sumo Sacerdote.

7. Y de que lo fue por juramento de Dios.

Tales son las puntualizaciones que hace la Palabra de Dios, de las que la suma –o conclusión– es: "Tenemos tal pontífice".

Sin embargo, eso es solamente una parte de "la suma", ya que la declaración completa de tal resumen continúa en los términos: "Tenemos tal pontífice que se asentó a la diestra del trono de la Majestad en los cielos; ministro del santuario, y de aquel verdadero tabernáculo que el Señor asentó, y no hombre".

En la tierra existía un santuario que el hombre había hecho o asentado. Es cierto que había sido construido y asentado de acuerdo con la dirección del Señor; sin embargo, es muy diferente del santuario y verdadero tabernáculo que el Señor mismo construyó, y no hombre. Tanto como diferentes son las cosas hechas por Dios, en relación a las hechas por el hombre.

Hebreos 9 presenta una breve descripción de ese "santuario mundano" -o terrenal- y de su ministerio, así como un resumen de su significado. Cuesta imaginar una descripción más abarcante que esa, expresada en menos palabras que las empleadas en los versículos 2 al 12: "Porque el tabernáculo fue hecho: el primero, en el que estaban las lámparas, y la mesa, y los panes de la proposición; lo que llaman el Santuario. Tras el segundo velo estaba el tabernáculo, que llaman el lugar Santísimo; el cual tenía un incensario de oro, y el arca del pacto cubierta de todas partes alrededor de oro; en la que estaba una urna de oro que contenía el maná, y la vara de Aarón que reverdeció, y las tablas del pacto; Y sobre ella los querubines de gloria que cubrían el propiciatorio; de las cuales cosas no se puede ahora hablar en particular. Y estas cosas así ordenadas, en el primer tabernáculo siempre entraban los sacerdotes para hacer los oficios de culto; Mas en el segundo, sólo el pontífice una vez en el año, no sin sangre, la cual ofrece por sí mismo, y por los peca-dos de ignorancia del pueblo: Dando en esto a entender el Espíritu Santo, que aun no estaba descubierto el camino para el santuario, entre tanto que el primer tabernáculo estuviese en pie. Lo cual era figura de aquel tiempo presente, en el cual se ofrecían presentes y sacrificios que no podían hacer perfecto, cuanto a la conciencia, al que servía con ellos; Consistiendo sólo en viandas y en bebidas, y en diversos lavamientos, y ordenanzas acerca de la carne, impuestas hasta el tiempo de la corrección. Mas estando ya presente Cristo, pontífice de los bienes que habían de venir, por el más amplio y más perfecto tabernáculo, no hecho de manos, es a saber, no de esta creación; Y no por sangre de machos cabríos ni de becerros, mas por su propia sangre, entró una sola vez en el santuario, habiendo obtenido eterna redención".

Ese santuario no era sino una "figura" prevista para "aquel tiempo presente". En él los sacerdotes y sumos sacerdotes ofrecían y ministraban ofrendas y sacrificios. Pero todo ese sacerdocio, ministerio, ofrenda y sacrificio, lo mismo que el propio santuario, simplemente "era figura de aquel tiempo presente", ya que "no podían hacer perfecto, cuanto a la conciencia, al que servía con ellos".

El propio santuario y el tabernáculo no eran sino una figura del santuario y el verdadero tabernáculo que el Señor asentó, y no hombre.

El sumo sacerdote de aquel santuario no era sino una figura de Cristo, verdadero Sumo Sacerdote del santuario y verdadero tabernáculo.

El ministerio del sumo sacerdote del santuario terrenal no era otra cosa que una figura del ministerio de Cristo, nuestro gran Sumo Sacerdote "que se asentó a la diestra del trono de la Majestad en los cielos; ministro del santuario, y de aquel verdadero tabernáculo que el Señor asentó, y no hombre".

Las ofrendas del sacerdocio, en el ministerio del santuario terrenal, no eran sino figura de la ofrenda de Cristo, el verdadero Sumo Sacerdote, en su ministerio en el santuario y verdadero tabernáculo.

Así, Cristo constituía la verdadera sustancia y significado de todo el sacerdocio y servicio del santuario terrenal. Si se considera alguna parte del sacerdocio o servicio como ajena a ese significado, deja inmediatamente de tener sentido. Y tan ciertamente como Cristo es el verdadero Sacerdote de los cristianos, representado en figura en el sacerdocio levítico; tan ciertamente el santuario del que Cristo es ministro es el verdadero santuario para todo cristiano, del cual era figura el santuario terrenal, en la dispensación levítica. Dice pues la Escritura: "si [Cristo] estuviese sobre la tierra, ni aun sería sacerdote, habiendo aun los sacerdotes que ofrecen los presentes según la ley; Los cuales sirven de bosquejo y sombra de las cosas celestiales, como fue respondido a Moisés cuando había de acabar el tabernáculo: Mira, dice, haz todas las cosas conforme al dechado que te ha sido mostrado en el monte" (Heb. 8:4 y 5).

"Fue, pues, necesario que las figuras de las cosas celestiales fuesen purificadas con estas cosas [sacrificios terrenales]; empero las mismas cosas celestiales con mejores sacrificios que estos. Porque no entró Cristo en el santuario hecho de mano, figura del verdadero, sino en el mismo cielo para presentarse ahora por nosotros en la presencia de Dios". Y fue "en el mismo cielo", en la dispensación cristiana, donde fue visto el trono de Dios, el altar de oro y un ángel con el incensario de oro, ofreciendo incienso con las oraciones de los santos, "y el humo del incienso subió de la mano del ángel delante de Dios, con las oraciones de los santos" (Apoc. 4:5; 8:2-4). En ese mismo tiempo se vio también "en el mismo cielo", el templo de Dios: "Y el templo de Dios fue abierto en el cielo, y el arca de su testamento fue vista en su templo" (Apoc. 11:19; 15:5-8; 16:1). Asimismo, se vieron allí "siete lámparas de fuego... ardiendo delante del trono" (Apoc. 4:5). Allí fue visto también uno semejante al Hijo del hombre, vestido de ropajes sumo sacerdotales (Apoc. 1:13).

Existe, por lo tanto, un santuario cristiano -del cual era figura el primer santuario- tan ciertamente como existe un sumo sacerdocio cristiano -del que era figura el sumo sacerdocio terrenal-. Y Cristo, nuestro Sumo Sacerdote, ejerce un ministerio en ese santuario cristiano, de igual forma en que había un ministerio en el sacerdocio terrenal, ejercido en el santuario de esta tierra. Y "la suma acerca de lo dicho es: Tenemos tal pontífice que se asentó a la diestra del trono de la Majestad en los cielos; Ministro del santuario, y de aquel verdadero tabernáculo que el Señor asentó, y no hombre".

Capítulo 11—"Y Yo Habitaré Entre Ellos"

Cuando Dios dio a Israel las directrices originales para la construcción del santuario que iba a ser figura para aquel tiempo presente, dijo: "Y hacerme han un santuario, y yo habitaré entre ellos" (Éx. 25:8).

El objetivo del santuario era que el Señor pudiese habitar entre ellos. Su propósito queda más plenamente revelado en los siguientes textos: "Y allí testificaré de mí a los hijos de Israel, y el lugar será santificado con mi gloria. Y santificaré el tabernáculo del testimonio y el altar: santificaré asimismo a Aarón y a sus hijos, para que sean mis sacerdotes. Y habitaré entre los hijos de Israel, y seré su Dios. Y conocerán que yo soy Jehová su Dios, que los saqué de la tierra de Egipto, para habitar en medio de ellos: Yo Jehová su Dios" (Éx. 29:43-46; también Lev. 26:11 y 12).

El propósito no era simplemente que pudiera habitar en el sentido de asentar su santuario en medio del campamento de Israel. Esa fue la gran equivocación de Israel en relación con el santuario, de tal forma que perdió casi por completo el verdadero significado del mismo. Cuando el santuario fue erigido y situado en medio del campamento de Israel, muchos de los hijos de Israel pensaron que eso bastaba; supusieron que en eso consistía el que Dios fuese a habitar en medio de ellos.

Es cierto que, mediante la Shekinah, Dios moraba en el santuario. Pero el edificio del santuario con su espléndido ornamento, asentado en medio del campamento, no constituía el todo del santuario. Además del magníficamente decorado edificio, estaban los sacrificios y ofrendas del pueblo; y los sacrificios y ofrendas en favor del pueblo. También los sacerdotes en el servicio continuo; y el sumo sacerdote en su sagrado ministerio. Sin todo ello el santuario habría sido para Israel poco más que algo vacío, incluso aunque el Señor morase allí.

Y ¿cuál era el significado y propósito de esas cosas? Veamos: Cuando alguno de los israelitas había "hecho algo contra alguno de los mandamientos de Jehová en cosas que no se han de hacer" siendo así "culpable", llevaba "de su voluntad" el cordero sacrificial a la puerta del tabernáculo. Antes que éste fuese ofrecido en sacrificio, el israelita que lo había traído ponía sus manos sobre la cabeza de la víctima y confesaba sus pecados "y él lo aceptará para expiarle". Entonces, el que había traído la víctima y confesado sus peca-dos, la degollaba. La sangre se recogía en una taza. Parte de la sangre "la rociarán alrededor sobre el altar, el cual está a la puerta del tabernáculo" (altar de los holocaustos u ofrendas ardientes); otra parte de la sangre se ponía "sobre los cuernos del altar del per-fume aromático, que está en el tabernáculo del testimonio"; y parte de ella se rociaba "siete veces delante de Jehová, hacia el velo del santuario"; el resto se echaba "al pie del altar del holocausto, que está a la puerta del tabernáculo del testimonio". El cordero mismo se quemaba sobre el altar de los holocaustos. Y de todo ese servicio se concluye: "y le hará el sacerdote expiación de su pecado que habrá cometido, y será perdonado". El servicio era similar en el caso del pecado y subsiguiente confesión del conjunto de la congregación. Se oficiaba asimismo un servicio análogo de forma continua -mañana y tarde- en favor de toda la congregación. Pero sea que los servicios fueran de carácter individual, o bien de carácter general, la conclusión venía siempre a resultar la misma: "y le hará el sacerdote expiación de su pecado que habrá cometido, y será perdonado" (ver Levítico, capítulos 1-5).

El ciclo del servicio del santuario se completaba anualmente. Y el día en el que se alcanzaba la plenitud del servicio, el décimo del mes séptimo, era especialmente "el día de la expiación", o la purificación del santuario. En ese día se concluía el servicio en el lugar santísimo. A ese día se refiere la expresión "una vez en el año", cuando "solo el pontífice" (o sumo sacerdote) entraba en el "lugar santísimo" o santo de los santos. Y del sumo sacerdote y su servicio en ese día, está escrito: "Y expiará el santuario santo, y el tabernáculo del testimonio; expiará también el altar, y a los sacerdotes, y a todo el pueblo de la congregación" (Lev. 16:2-34; Heb. 9:2-8).

Así, los servicios del santuario en el ofrecimiento de los sacrificios y la ministración de los sacerdotes, y particularmente de los sumo sacerdotes, tenía por fin hacer expiación; perdonar y alejar los pecados del pueblo. Por causa del pecado y la culpa, por haber he-cho "algo contra alguno de todos los mandamientos de Jehová su Dios, sobre cosas que no se han de hacer", era necesario hacer expiación o reconciliación, y obtener perdón. El término expiación o reconciliación, contiene la idea de 'unidad de mente'. El pecado y la culpa habían separado a los israelitas de Dios. Mediante esos servicios se llegaban a reconciliar (hechos uno) con Dios. Perdonar significa 'dar por'. Perdonar el pecado es dar por el pecado. El perdón de los pecados viene únicamente de Dios. ¿Qué es lo que Dios da? ¿qué es lo que dio por el pecado? Dio a Cristo, y Cristo "se dio a sí mismo por nuestros pecados" (Gál. 1:4; Efe. 2:12-16; Rom. 5:8-11).

Por lo tanto, cuando un individuo o toda la congregación de Israel había pecado y deseaba perdón, todo el plan y problema del perdón, reconciliación, y salvación, se desplegaban ante la presencia del pecador. El sacrificio que se ofrecía, lo era por la fe en el sacrificio que Dios ya había realizado al entregar a su Hijo por el pecado. Es en esa fe que Dios aceptaba a los pecadores, y estos recibían a Cristo en lugar de su pecado. Eran así reconciliados con Dios, o hechos uno con él (expiación). Es así como Dios moraría en medio de ellos: es decir, habitaría en cada corazón y moraría en cada vida, para convertir ésta en algo "santo, inocente, limpio, apartado de los pecadores". Y el hecho de asentar el tabernáculo en medio del campamento de Israel era una ilustración, una lección objetiva y una evocación de la verdad de que él habitaría en medio de cada individuo (Efe. 3:16-19).

Algunos de entre los de la nación, en toda época, vieron en el santuario esta gran verdad salvadora. Pero como un cuerpo, en la globalidad del tiempo, Israel perdió este concepto; y deteniéndose únicamente en el pensamiento de que Dios habitase en el tabernáculo en medio del campamento, dejaron de alcanzar el gozo de la presencia personal de Dios morando en sus vidas individuales. En correspondencia con ello, su adoración se transformó únicamente en formalista y de carácter externo, más bien que de carácter interior y espiritual. De esa forma, sus vidas continuaron siendo irregeneradas y desprovistas de santidad; y así, aquellos que salieron de Egipto perdieron la gran bendición que Dios tenía para ellos, y "cayeron en el desierto" (Heb. 3:17-19).

Tras haber entrado en tierra de Canaán, el pueblo cometió idéntico error. Pusieron su dependencia en el Señor solamente como aquel que moraba en el tabernáculo, y no permitieron que el tabernáculo y su ministerio fuesen los medios por los que el Señor morase en ellos mismos por la fe. Consecuentemente, sus vidas no hicieron otra cosa excepto progresar en la maldad, de forma que Dios permitió que el tabernáculo fuese destruido, y que los paganos tomaran cautiva el arca de Dios (Jer. 7:12; 1 Sam. 4:10-22) a fin de que el pueblo pudiese aprender a ver, encontrar y adorar a Dios, individualmente. Es así como experimentarían la morada de Dios con ellos de forma individual.

Tras haber faltado en Israel por unos cien años el tabernáculo y su servicio, David lo restauró, y fue ensamblado en el gran templo que Salomón edificó. Pero nuevamente se fue perdiendo de vista su verdadero propósito. El formalismo, con la maldad que lo acompaña, fueron incrementando progresivamente, hasta que el Señor se vio compelido a exclamar, tocante a Israel: "Aborrecí, abominé vuestras solemnidades, y no me darán buen olor vuestras asambleas. Y si me ofreciereis holocaustos y vuestros presentes, no los recibiré; ni miraré a los pacíficos de vuestros engordados. Quita de mí la multitud de tus cantares, que no escucharé las salmodias de tus instrumentos. Antes corra el juicio como las aguas, y la justicia como impetuoso arroyo" (Amós 5:21-24).

También en relación con Judá fue compelido a un clamor similar, que Isaías expresa así: "Príncipes de Sodoma, oíd la palabra de Jehová; escuchad la ley de nuestro Dios, pueblo de Gomorra. ¿Para qué a mí, dice Jehová, la multitud de vuestros sacrificios? Harto estoy de holocaustos de carneros, y de sebo de animales gruesos: no quiero sangre de bueyes, ni de ovejas, ni de machos cabríos. ¿Quién demandó esto de vuestras manos, cuando vinieseis a presentarlos delante de mí, para hollar mis atrios? No me traigáis más vano presente: el perfume me es abominación: luna nueva y sábado, el convocar asambleas, no las puedo sufrir: son iniquidad vuestras solemnidades. Vuestras lunas nuevas y vuestras solemnidades tiene aborrecida mi alma: me son gravosas; cansado estoy de llevar-las. Cuando extendiereis vuestras manos, yo esconderé de vosotros mis ojos: asimismo cuando multiplicareis la oración, yo no oiré: llenas están de sangre vuestras manos. Lavad, limpiaos; quitad la iniquidad de vuestras obras de ante mis ojos; dejad de hacer lo malo: Aprended a hacer bien; buscad juicio, restituid al agraviado, oíd en derecho al huérfano, amparad a la viuda. Venid luego, dirá Jehová, y estemos a cuenta: si vuestros pecados fueren como la grana, como la nieve serán emblanquecidos: si fueren rojos como el carmesí, vendrán a ser como blanca lana" (Isa. 1:10-18).

Sin embargo, no se prestó oído a sus ruegos, por lo tanto Israel fue llevado cautivo y la tierra desolada a causa de su maldad. Igual suerte pendía sobre Judá. Y ese peligro de Judá surgía del mismo gran tema que el Señor se había esforzado siempre por enseñar a la nación, y que ésta no había aún aprendido: se habían aferrado al templo y al hecho de que la presencia de Dios habitase en ese templo como el gran fin, en lugar de comprenderlo como el medio para lograr el gran fin, que consistía en que mediante el templo y su ministerio, al proporcionar perdón y reconciliación, Aquel que moraba en el templo viniera a hacer morada en ellos mismos. Así, el Señor clamó una vez más por su pueblo en boca de Jeremías a fin de salvarlos de ese error, haciendo así posible que viesen y recibiesen la gran verdad del genuino significado y propósito del templo y su servicio.

Dijo: "He aquí, vosotros os confiáis en palabras de mentira, que no aprovechan. ¿Hurtando, matando, y adulterando, y jurando falso, e incensando a Baal, y andando tras dioses extraños que no conocisteis. Vendréis y os pondréis delante de mi en esta casa sobre la cual es invocado mi nombre, y diréis: Librados somos: para hacer todas estas abominaciones? ¿Es cueva de ladrones delante de vuestros ojos esta casa, sobre la cual es invocado mi nombre? He aquí que también yo veo, dice Jehová. Andad empero ahora a mi lugar que fue en Silo, donde hice que morase mi nombre al principio, y ved lo que le hice por la maldad de mi pueblo Israel. Ahora pues, por cuanto habéis vosotros hecho todas estas obras, dice Jehová, y bien que os hablé, madrugando para hablar, no oísteis, y os llamé, y no respondisteis; Haré también a esta casa sobre la cual es invocado mi nombre, en la que vosotros confiáis, y a este lugar que os di a vosotros y a vuestros padres, como hice a Silo: Que os echaré de mi presencia como eché a todos vuestros hermanos, a toda la generación de Efraim. Tú pues, no ores por este pueblo, ni levantes por ellos clamor ni oración, ni me ruegues; porque no te oiré... ¡Oh si mi cabeza se tornase aguas, y mis ojos fuentes de aguas, para que llore día y noche los muertos de la hija de mi pueblo! ¡Oh quién me diese en el desierto un mesón de caminantes, para que dejase mi pueblo, y de ellos me apartase! Porque todos ellos son adúlteros, congregación de prevaricadores. E hicieron que su lengua, como su arco, tirase mentira; y no se fortalecieron por verdad en la tierra: porque de mal en mal procedieron, y me han desconocido, dice Jehová" (Jer. 7:8-16; 9:1 y 3).

¿Cuáles eran específicamente las "palabras de mentira" en las que confiaba el pueblo? Helas aquí: "No fiéis en palabras de mentira, diciendo: Templo de Jehová, templo de Jehová, templo de Jehová es éste" (Jer. 7:4). Es perfectamente manifiesto que el pueblo, si bien entregado a las formas de adoración y del servicio del templo, lo vivió meramente como formas, perdiendo completamente el propósito del templo y sus servicios, que no era otro que el que Dios pudiese reformar y santificar las vidas del pueblo, morando individualmente en ellos. Y habiendo perdido todo eso, la maldad de sus corazones no hizo sino manifestarse cada vez más. Es por esa razón por la que todos sus sacrificios, adoración y plegarias vinieron a ser una ruidosa burla, en tanto en cuanto sus corazones y vi-das nada sabían de conversión y santidad.

Por todo ello, "palabra que fue de Jehová a Jeremías, diciendo: Ponte a la puerta de la casa de Jehová, y predica allí esta palabra, y di: Oíd palabra de Jehová, todo Judá, los que entráis por estas puertas para adorar a Jehová. Así ha dicho Jehová de los ejércitos, Dios de Israel: Mejorad vuestros caminos y vuestras obras, y os haré morar en este lugar. No fiéis en palabras de mentira, diciendo: Templo de Jehová, templo de Jehová, templo de Jehová es éste. Mas si mejorareis cumplidamente vuestros caminos y vuestras obras; si con exactitud hiciereis derecho entre el hombre y su prójimo, ni oprimiereis al peregrino, al huérfano, y a la viuda, ni en este lugar derramareis la sangre inocente, ni anduviereis en pos de dioses ajenos para mal vuestro; Os haré morar en este lugar, en la tierra que di a vuestros padres para siempre" (Jer. 7:1-7).

En lugar de permitir que se cumpliera en ellos el gran propósito de Dios mediante el templo y sus servicios, lo que hicieron fue pervertir completamente ese propósito. En lugar de permitir que el templo y sus servicios, que Dios en su misericordia había establecido entre ellos, les enseñase la forma en que él mismo habitaría entre ellos morando en sus corazones y santificando sus vidas, lo que hicieron fue excluir ese verdadero sentido del templo y sus servicios, pervirtiéndolo totalmente al emplearlo como pretexto para sancionar la maldad abyecta y encubrir la más profunda e insondable carencia de santidad.

Para un sistema tal, no existía otro remedio que la destrucción. En consecuencia, la ciudad fue sitiada y tomada por los paganos. El templo, "la casa de nuestro santuario y de nuestra gloria" fue destruida. Y habiéndose convertido la ciudad y el templo en un montón de ruinas ennegrecidas, el pueblo fue llevado cautivo a Babilonia, donde en su pesar y sentimiento profundo de inmensa pérdida, buscaron, encontraron y adoraron al Señor de tal forma que significó una reforma en sus vidas, hasta el punto de que si hubiera ocurrido mientras el templo estaba aún en pie, éste habría podido permanecer para siempre (Sal. 137:1-6).

Dios sacó de Babilonia a un pueblo humilde y reformado. Su santo templo se reedificó y los servicios fueron restaurados. Nuevamente el pueblo habitó en su ciudad y en su tierra. Pero una vez más se reprodujo la apostasía. Siguió un curso idéntico hasta que, cuando Jesús, el gran centro del templo y sus servicios, vino a los suyos, continuaba prevaleciendo el mismo viejo estado de cosas (Mat. 21:12 y 13; 23:13-32). Fueron capaces de asediarlo y perseguirlo hasta la muerte de lo profundo de su corazón, mientras que externamente eran tan "santos" que se abstuvieron de traspasar el porche del pretorio de Pilato "por no ser contaminados" (Juan 18:28).

Y el llamado del Señor al pueblo continuaba siendo el mismo que en lo antiguo: debían encontrar en sus propias vidas personales el significado del templo y sus servicios, y ser salvos así de la maldición que había perseguido a la nación a lo largo de su historia a causa del mismo gran error que ellos estaban repitiendo. Es por ello que Jesús, estando cierto día en el templo, dijo a la multitud que estaba presente: "Destruid este templo, y en tres días lo levantaré. Dijeron luego los judíos: En cuarenta y seis años fue este templo edificado, ¿y tú en tres días lo levantarás? Mas él hablaba del templo de su cuerpo" (Juan 2:19-21). Cuando Jesús, en el templo, habló esas palabras a la gente, refiriéndose al "templo de su cuerpo", estaba en realidad intentando -como lo había hecho durante toda la historia pasada de ellos- que pudiesen apercibirse de que el gran propósito del templo y sus servicios fue siempre que a través del ministerio y los servicios allí efectuados Dios pudiese andar y morar en ellos mismos del mismo modo en que moraba en el templo, haciendo santa su habitación en ellos mismos, lo mismo que su morada en el templo convertía ese lugar en santo. Así, al morar y andar Dios en ellos, sus cuerpos serían verdaderamente templos del Dios viviente (2 Cor. 6:16; 1 Cor. 3:16 y 17; Lev. 26:11 y 12; 2 Sam. 7:6 y 7).

Sin embargo, ni siquiera entonces comprendieron esa verdad. No querían ser reforma-dos. No querían que el propósito del santuario se cumpliera en ellos mismos: no deseaban que Dios morase en ellos. Rechazaron a aquel que vino personalmente para mostrarles el verdadero propósito y el verdadero Camino. Por lo tanto, una vez más, no hubo otro remedio que la destrucción. Una vez más su ciudad fue tomada por los paganos. También el templo, "la casa de nuestro santuario y de nuestra gloria", fue pasado por el fuego. Fueron asimismo llevados cautivos, y fueron dispersados para siempre, para andar "errantes entre las gentes" (Ose. 9:17).

Es preciso recalcar una vez más que el santuario terrenal, el templo con su ministerio y servicios como tales, no eran sino una figura del verdadero, el que existía entonces en el cielo, con su ministerio y servicios. Cuando a Moisés se le presentó por primera vez el concepto del santuario para los israelitas, el Señor le dijo: "Mira, y hazlos conforme a su modelo, que te ha sido mostrado en el monte" (Heb. 8:5; Éx. 25:40; 26:30; 27:8). El santuario en la tierra era, pues, una figura del verdadero, en el sentido de ser una representación del mismo. El ministerio y los servicios en el terrenal eran "figuras del verdadero", en el sentido de ser un "modelo", "las figuras de las cosas celestiales" (Heb. 9:23 y 24).

El verdadero santuario del que el terrenal era figura, el original del que ese era modelo, existía entonces. Pero en las tinieblas y confusión de Egipto, Israel había perdido la clara noción de eso, lo mismo que de tantas otras cosas que habían estado claras para Abraham, Isaac y Jacob; y mediante esa lección, Dios les proporcionaría el conocimiento del verdadero santuario. No era, por lo tanto, una figura en el sentido de ser el anticipo de algo que vendría y que no existía todavía; sino una figura en el sentido de ser una lección objetiva y representación visible de aquello que existía pero que era invisible, a fin de ejercitarlos en una experiencia de fe y verdadera espiritualidad que les capacitase para ver lo invisible.

Y por medio de todo ello Dios les estaba revelando, lo mismo que a todo el pueblo para siempre, que es por el sacerdocio, ministerio y servicio de Cristo en el santuario o templo celestial como él mora entre los hombres. Les estaba revelando que en esa fe de Jesús se ministran a los hombres el perdón de los pecados y la expiación o reconciliación, de forma que Dios habita en ellos y anda en medio de ellos, siendo él su Dios y ellos su pueblo; y son apartados así de toda la gente que puebla la faz de la tierra: separados para Dios como sus auténticos hijos e hijas para ser edificados en perfección, en el conocimiento de Dios (Éx. 33:15 y 16; 2 Cor. 6:16-18; 7:1).

Capítulo 12—"Perfección"

El gran propósito del verdadero santuario, sacerdocio y ministerio, era que Dios morase en los corazones del pueblo. Ahora, ¿cuál es el gran propósito de morar en los corazones del pueblo? La respuesta es: la perfección; la perfección moral y espiritual del adorador.

Consideremos esto: En la conclusión del quinto capítulo de Hebreos, inmediatamente después de la declaración "y consumado, vino a ser causa de eterna salud a todos los que le obedecen; nombrado de Dios pontífice según el orden de Melchisedec", leemos: "Por tanto", es decir, como consecuencia de eso, por esa razón, "dejando la palabra del comienzo en la doctrina de Cristo, vamos adelante a la perfección" (Heb. 6:1).

Además se pone de relieve que la perfección se alcanza solamente mediante el sacerdocio de Melchisedec. Y se afirma que eso fue siempre así, y que el sacerdocio levítico era temporal, y sólo un tipo del sacerdocio de Melchisedec. Leemos a continuación, a propósito del sacerdocio levítico: "Si pues la perfección era por el sacerdocio levítico... ¿qué necesidad había aún de que se levantase otro sacerdote según el orden de Melchisedec, y que no fuese llamado según el orden de Aarón?" (Heb. 7:11). Y en relación con eso mismo, "porque nada perfeccionó la ley; mas hízolo la introducción de mejor esperanza, por la cual nos acercamos a Dios" (vers. 19).

A partir de esas declaraciones inspiradas, es incuestionable que la perfección del adorador es precisamente lo que ofrece y provee el sacerdocio y ministerio de Cristo.

No sólo eso. Además, tal como ya se ha citado a propósito de la descripción del santuario y su servicio, se nos indica que "era figura de aquel tiempo presente, en el cual se ofrecían presentes y sacrificios que no podían hacer perfecto, cuanto a la conciencia, al que servía con ellos". Su gran imposibilidad era ese no poder hacer perfecto al que servía. Por lo tanto, el gran tema y objetivo último del sacerdocio y ministerio de Cristo en el verdadero santuario es hacer perfecto a quien -por la fe- entra en el servicio.

El servicio terrenal no podía "hacer perfecto, cuanto a la conciencia, al que servía". "Mas estando ya presente Cristo, pontífice de los bienes que habían de venir, por el más amplio y más perfecto tabernáculo, no hecho de manos, es a saber, no de esta creación; y no por sangre de machos cabríos ni de becerros, más por su propia sangre, entró una sola vez en el santuario, habiendo obtenido eterna redención" (Heb. 9:11 y 12). Ese santuario, sacerdocio, sacrificio y ministerio de Cristo, hace perfecto en eterna redención a todo aquel que por la fe entra en su servicio, recibiendo así lo que ese servicio tiene por fin proveer.

"Porque si la sangre de los toros y de los machos cabríos, y la ceniza de la becerra, rociada a los inmundos, santifica para la purificación de la carne, ¿cuánto más la sangre de Cristo, el cual por el

Espíritu eterno se ofreció a sí mismo sin mancha a Dios, limpiará vuestras conciencias de las obras muertas para que sirváis al Dios vivo?" La sangre de toros y machos cabríos y la ceniza de la becerra rociada a los inmundos, en el servicio levítico del santuario terrenal, santificaba para la purificación de la carne, según declara la Palabra. Y dado que eso es así, "¿cuánto más la sangre de Cristo, el cual por el Espíritu eterno se ofreció a sí mismo sin mancha a Dios", santifica para purificación del espíritu y "limpiará vuestras conciencias de las obras de muerte para que sirváis al Dios vivo?"

¿Cuáles son las obras de muerte? La propia muerte es consecuencia del pecado. Por lo tanto, las obras de muerte son aquellas que llevan el pecado en sí mismas. Por lo tanto, limpiar las conciencias de las obras de muerte consiste en la total purificación del alma -purificación de pecado- por la sangre de Cristo, por el Espíritu eterno, para que en la vida y obras del creyente en Jesús no haya ningún lugar para el pecado; las obras serán solamente obras de fe, y la vida, una vida de fe. Será de ese modo como en pureza y en ver-dad "sirváis al Dios vivo".

La Escritura continúa así: "Porque la ley, teniendo la sombra de los bienes venideros, no la imagen misma de las cosas, nunca puede, por los mismos sacrificios que ofrecen continuamente cada año, hacer perfectos a los que se allegan. De otra manera cesarían de ofrecerse; porque los que tributan este culto, limpios de una vez, no tendrían más conciencia de pecado. Empero en estos sacrificios cada año se hace conmemoración de los pecados. Porque la sangre de los toros y de los machos cabríos no puede quitar los pecados" (Heb. 10:1-4).

Una vez más vemos que si bien el objetivo de todo el ministerio efectuado bajo la ley era la perfección, ésta no se lograba por la realización de aquel ministerio bajo la ley. Todo ello no era sino una figura de aquel tiempo presente, una figura del ministerio y sacerdocio por el cual se obtiene la perfección, que es el ministerio y sacerdocio de Cristo. Los sacrificios no podían convertir en perfectos a los que se allegaban. El verdadero sacrificio y el verdadero ministerio "del santuario y de aquel verdadero tabernáculo" hace perfectos a quienes se allegan a él: y esa perfección de los adoradores los lleva a no tener "más conciencia de pecado".

Pero dado que la sangre de machos cabríos y de becerros "no puede quitar los pecados", no era posible -aunque esos sacrificio se ofreciesen año tras año continuamente- purificar a los adoradores hasta el punto de que no tuviesen más conciencia de pecado. La sangre de los toros y de los machos cabríos, y la ceniza de la becerra rociada a los inmundos, santificaba para la purificación de la carne, pero solamente de la carne; e incluso eso no era más que "figura de aquel tiempo presente" de "la sangre de Cristo" que tanto más purificará a los adoradores, de forma que no tengan más conciencia de pecados.

"Por lo cual, entrando en el mundo dice: Sacrificio y presente no quisiste; mas me apropiaste cuerpo: Holocaustos y expiaciones por el pecado no te agradaron. Entonces dije: Heme aquí... para que haga, oh Dios, tu voluntad. Quita lo primero, para establecer lo postrero" (Heb. 10:5-9).

Se mencionan aquí dos cosas: lo "primero" y lo "postrero". ¿En qué consisten? ¿Qué es lo primero, y qué lo postrero? Las dos cosas que se citan son: (1) sacrificio, presente, holocaustos y expiaciones por el pecado; todo ello constituye "lo primero", y (2) "tu voluntad" (la voluntad de Dios), que es "lo postrero". "Quita lo primero, para establecer lo postrero"; es decir, quitó el sacrificio, presente, holocaustos y expiaciones por el pecado, a fin de establecer la voluntad de Dios. Y "la voluntad de Dios es vuestra santificación" y vuestra perfección (1 Tes. 4:3; Mat. 5:48; Efe. 4:8, 12 y 13; Heb. 13:20 y 21). Pero eso no se puede obtener mediante los sacrificios, presentes, holocaustos y expiaciones por el pecado ofrecidos bajo el sacerdocio levítico. Éstos no podían hacer perfecto, cuanto a la conciencia, al que servía con ellos. No podían purificar al adorador de tal manera que no tuviese más conciencia de pecado, por la razón de que la sangre de toros y machos cabríos no puede quitar el pecado.

Por lo tanto, puesto que la voluntad de Dios es la santificación y la perfección de los adoradores, puesto que la voluntad de Dios es que los adoradores sean de tal modo purificados que no tengan más conciencia de pecado, y dado que el servicio y ofrendas del santuario terrenal no podían lograrlo, él quitó todo eso, para establecer la voluntad de Dios. "En la cual voluntad somos santificados por la ofrenda del cuerpo de Jesucristo hecha una sola vez".

"La voluntad de Dios es vuestra santificación". Santificación es la verdadera observancia de todos los mandamientos de Dios. En otras palabras, el designio de Dios con respecto al hombre es que su divina voluntad halle en él perfecto cumplimiento. La voluntad de Dios está expresada en la ley de los diez mandamientos, que "es el todo del hombre". La ley es perfecta, y la perfección de carácter es la perfecta expresión de esa ley en la vida del que adora a Dios. Por esa ley es el conocimiento del pecado, y todos pecaron, estando destituidos de la gloria de Dios. Están destituidos de su perfección de carácter.

Los sacrificios y el servicio del santuario terrenal no podían quitar los pecados del hombre, por lo tanto, no podían llevarle a esa perfección. Pero el sacrificio y ministerio del verdadero Sumo Sacerdote del santuario y verdadero tabernáculo, sí lo hacen. Quitan completamente todo pecado. Y el adorador es de tal modo purificado que no tiene más conciencia de pecado. Mediante el sacrificio, la ofrenda y el servicio de sí mismo, Cristo abolió los sacrificios y las ofrendas y servicio que nunca podían quitar los pecados, y por su perfecto cumplimiento de la perfecta voluntad de Dios, estableció esta última. En esa "voluntad somos santificados por la ofrenda del cuerpo de Jesucristo hecha una sola vez" (Heb. 10:10).

En ese primer santuario y servicio terrenales, "todo sacerdote se presenta cada día ministrando y ofreciendo muchas veces los mismos sacrificios, que nunca pueden quitar los pecados". Pero en el servicio del santuario y verdadero tabernáculo, Cristo, "habiendo ofrecido por los pecados un solo sacrificio para siempre, está sentado a la diestra de Dios, esperando lo que resta, hasta que sus enemigos sean puestos por estrado de sus pies. Porque con una sola ofrenda hizo perfectos para siempre a los santificados" (Heb. 10:11-14).

La perfección se logra a todo respecto mediante el sacrificio y sacerdocio de nuestro gran Sumo Sacerdote a la diestra del trono de la Majestad en los cielos, ministrando en el santuario y verdadero tabernáculo que el Señor estableció, y no hombre. "Y atestíguanos lo mismo el Espíritu Santo; que después que dijo: Y este es el pacto que haré con ellos después de aquellos días, dice el Señor: Daré mis leyes en sus corazones, y en sus almas las escribiré; Añade: Y nunca más me acordaré de sus pecados e iniquidades. Pues donde hay remisión de estos, no hay más ofrenda por pecado" (Heb. 10:15-18).

Y ese es el "camino nuevo y vivo" que "por su carne", Cristo nos consagró. Lo consagró para toda la raza humana. Y por él puede entrar toda alma hasta el santo de los santos -el más santo de todos los lugares, la más santa de todas las experiencias, la más santa de todas las relaciones, la vida más santa-. Ese camino nuevo y vivo él nos lo consagró por su carne. Es decir, viniendo en la carne, identificándose a sí mismo con el género humano en la carne, consagró para nosotros que estamos en la carne, un camino que va desde donde estamos nosotros hasta donde él está ahora, a la derecha del trono de la Majestad en los cielos, en el santo de los santos.

Viniendo en la carne -habiendo sido hecho en todas las cosas como nosotros, y habiendo sido tentado en todo punto como lo somos nosotros-, se identificó con toda alma humana, precisamente en la situación actual de ésta. Y desde el lugar en que esa alma se encuentra, consagró para ella un camino nuevo y vivo a través de las vicisitudes y experiencias de toda una vida, incluida la muerte y la tumba hasta el santo de los santos, para siempre a la diestra de Dios.

¡Oh, que camino consagrado, consagrado por sus tentaciones y sufrimientos, por sus ruegos y súplicas con gran clamor y lágrimas, por su vida santa y su muerte sacrificial, por su victoriosa resurrección y gloriosa ascensión, y por su triunfante entrada en el santo de los santos, a la derecha del trono de la Majestad en los cielos!

Y ese "camino" lo consagró para nosotros. Habiéndose hecho uno de nosotros, hizo de ese camino el nuestro; nos pertenece. Ha otorgado a toda alma el divino derecho a transitar por ese camino consagrado; y habiéndolo recorrido él mismo en la carne -en nuestra carne-, ha hecho posible, y nos ha dado la seguridad de que todo ser humano puede andar por él, en todo lo que ese camino significa; y por él acceder plena y libremente al santo de los santos.

Él, como uno de nosotros, en nuestra naturaleza humana, débil como nosotros, cargado con los pecados del mundo, en nuestra carne pecaminosa, en este mundo, durante toda una vida, fue "santo, inocente, limpio, apartado de los pecadores" y "hecho más sublime que los cielos". Y así constituyó y consagró un camino por el cual, en él, todo creyente puede, en este mundo y durante toda la vida, vivir una vida santa, inocente, limpia, apartada de los pecadores, y como consecuencia ser hecho con él más sublime que los cielos.

La perfección, la perfección del carácter, es la meta cristiana -perfección lograda en carne humana en este mundo. Cristo la logró en carne humana en este mundo, constituyendo y consagrando así un camino por el cual, en él, todo creyente pueda lograrla. Él, habiéndola obtenido, vino a ser nuestro Sumo Sacerdote en el sacerdocio del verdadero santuario, para que nosotros la podamos obtener.

El objetivo del cristiano es la perfección. El ministerio y sumo sacerdocio de Cristo en el verdadero santuario es el único camino por el que toda alma puede alcanzar ese verdadero propósito, en este mundo. "Tu camino, oh Dios, está en tu santuario" (Sal. 77:13, versión K.J.).

"Por tanto, hermanos, siendo que tenemos plena seguridad para entrar en el Santuario, por la sangre de Jesús, por el nuevo y vivo camino que él nos abrió, a través del velo, esto es, de su carne, y siendo que tenemos un gran sacerdote sobre la casa de Dios, acerquémonos con corazón sincero, con plena certeza de fe, purificado el corazón de mala conciencia, y lavado el cuerpo con agua limpia". Y "mantengamos firme la confesión de nuestra esperanza, sin fluctuar, que fiel es el que prometió" (Heb. 10:19-23).

"Porque no os habéis llegado al monte que se podía tocar, y al fuego encendido, y al turbión, y a la oscuridad, y a la tempestad, y al sonido de la trompeta, y a la voz de las palabras, la cual los que la oyeron rogaron que no se les hablase más... Mas os habéis llegado al monte de Sión, y a la ciudad del Dios vivo, Jerusalén la celestial, y a la compañía de muchos millares de ángeles, y a la congregación de los primogénitos que están alistados en los cielos, y a Dios el juez de todos, y a los espíritus de los justos hechos perfectos, y a Jesús el Mediador del nuevo testamento, y a la sangre del esparcimiento que habla mejor que la de Abel".

Por lo tanto "mirad que no desechéis al que habla. Porque si aquellos no escaparon que desecharon al que hablaba en la tierra, mucho menos nosotros, si desecháramos al que habla de los cielos" (Heb. 12:18-25).

Capítulo 13—"La Prevaricación y la Abominación Desoladora"

Tal es el sacrificio, sacerdocio y ministerio de Cristo en el santuario y verdadero tabernáculo que el Señor asentó, y no hombre. Es la constatación del libro de Hebreos sobre la verdad, mérito y eficacia del sacrificio, sacerdocio, santuario y ministerio de Cristo.

Pero no es solamente en el libro de Hebreos donde encontramos esa gran verdad. Si bien en ningún otro lugar se la enuncia de forma tan directa, ni se expone de una forma tan plena como en el libro de Hebreos, podemos reconocerla a lo largo de todo el Nuevo Testamento tan ciertamente como el santuario y ministerio del sacerdocio levítico está presente en todo el Antiguo Testamento, aunque no esté enunciado de forma tan directa, ni se halle tan plenamente expuesto como en los libros de Éxodo y Levítico.

En el último libro del Nuevo Testamento, ya en su primer capítulo, hace aparición "uno semejante al Hijo del hombre" vestido de ropas sumo sacerdotales. Asimismo, en medio del trono y de los cuatro animales, y en medio de los ancianos, "estaba un Cordero como inmolado". También fue visto un altar de oro, y uno con un incensario de oro al efecto de que las oraciones de los santos ascendieran ante Dios mezcladas con el humo del incienso ofrecido. Allí aparecen las siete lámparas de fuego ardiendo delante del trono. El templo de Dios fue abierto en el cielo, "y el arca de su testamento fue vista en su templo". Entonces se declara y promete que los que tienen parte en la primera resurrección, aquellos sobre quienes no tiene potestad la segunda muerte, "serán sacerdotes de Dios y de Cristo, y reinarán con él mil años" en ese sacerdocio. Y cuando hayan pasado el primer cielo y la primera tierra y su lugar no se halle más, cuando vengan el nuevo cielo y la nueva tierra, con la santa ciudad descendiendo de Dios desde el cielo, el tabernáculo de Dios con los hombres y él morando con ellos, siendo ellos su pueblo y él su Dios con ellos; cuando haya limpiado toda lágrima de sus ojos y no haya más muerte, llanto, clamor ni dolor porque las primeras cosas hayan pasado, es entonces -y no antes- cuando se dice de la ciudad de Dios: "Y no vi en ella templo".

Es tan cierto que hay un sacerdocio, ministerio sacerdotal, y un santuario en esta dispensación, como lo fue en la antigua: sí, incluso más cierto; ya que, aunque existía un santuario, sacerdocio y ministerio en la antigua dispensación, no eran más que una figura para aquel tiempo presente, una figura del que ahora es el verdadero, y que está en el cielo.

Ese verdadero sacerdocio, ministerio y santuario de Cristo en el cielo, aparecen tan claramente en el Nuevo Testamento, que nadie puede negarlos. Pero sorprendentemente, es algo en lo que rara vez se piensa; resulta casi desconocido, e incluso difícilmente aceptado por el mundo cristiano de nuestros días.

¿Por qué sucede eso y cómo se ha llegado ahí? Existe una causa. La Escritura la señala y los hechos la demuestran.

El capítulo 7 del libro de Daniel describe al profeta contemplando en visión a los cuatro vientos del cielo que combatían en la gran mar; "y cuatro grandes bestias, diferentes la una de la otra, subían de la mar. La primera era como león, y tenía alas de águila". Simbolizaba el imperio mundial de Babilonia. La segunda era como un oso que se inclinaba de un lado, teniendo tres costillas en su boca, y simbolizaba el imperio conjunto de Me-do-Persia. La tercera era semejante a un tigre, que tenía cuatro cabezas y cuatro alas de ave, simbolizando el imperio mundial de Grecia bajo Alejandro Magno. La cuarta bestia era "espantosa y terrible, y en grande manera fuerte, la cual tenía unos dientes grandes de hierro: devoraba y desmenuzaba, y las sobras hollaba con sus pies: y era muy diferente de todas las bestias que habían sido antes de ella, y tenía diez cuernos". Esa cuarta bestia simbolizaba el imperio mundial de Roma, diferente de cuantos lo precedieron, pues originalmente no era una monarquía o reino, sino una república. Los diez cuernos simbolizan los diez reinos que se establecieron en la parte occidental del imperio de Roma, tras la desintegración del mismo.

El profeta dice entonces: "Estando yo contemplando los [diez] cuernos, he aquí que otro cuerno pequeño subía entre ellos, y delante de él fueron arrancados tres cuernos de los primeros; y he aquí en este cuerno había ojos como ojos de hombre, y una boca que hablaba grandezas". El profeta contemplaba y consideraba este cuerno pequeño hasta que "el tribunal se sentó en juicio, y los libros fueron abiertos". Y cuando se estableció ese juicio y se abrieron los libros, dice: "Entonces [en ese tiempo] miré a causa de las palabras tan arrogantes que hablaba el cuerno. Miré hasta que mataron a la bestia, y su cuerpo fue deshecho y entregado para ser quemado en el fuego".

Obsérvese el notable cambio en la expresión de esta última afirmación. El profeta contempló el cuerno pequeño desde su aparición, hasta el momento en el que "el tribunal se sentó en juicio, y los libros fueron abiertos". Daniel contempló el cuerno pequeño en ese momento; y muy particularmente "a causa de las palabras tan arrogantes que hablaba el cuerno". Y continuó contemplando esa misma escena -referente al mismo cuerno pequeño- hasta el final, hasta su destrucción. Pero cuando ésta llega, la expresión que describe su destrucción no es que el cuerno pequeño fuese quebrado o destruido, sino que "mataron a la bestia, y su cuerpo fue deshecho y entregado para ser quemado en el fuego".

Eso demuestra que el cuerno pequeño es otra fase de esa misma cuarta bestia, la bestia espantosa y terrible de la que el cuerno pequeño no es más que una continuación, en su mismo espíritu, disposición y propósito, solamente que en otra faceta. Y así como aquel cuarto imperio mundial, la bestia espantosa y terrible en su forma primitiva, era Roma; así también el cuerno pequeño, en sus hechos, no es sino la continuación de Roma: el espíritu y los hechos de Roma, en la forma que es propia de éste.

Lo anterior queda confirmado por la explicación que da sobre el tema el propio capítulo. En efecto, se dice del cuerno pequeño que es "diferente de los primeros", que "hablará palabras contra el Altísimo, a los santos del Altísimo quebrantará, y tratará de cambiar los tiempos y la ley". Leemos también: "Vi que este cuerno combatía a los santos, y los vencía, hasta que vino el Anciano de días, y pronunció juicio en favor de los santos del Altísimo. Y vino el tiempo, y los santos poseyeron el reino". Todo lo anterior es cierto, y constituye la descripción de la postrera Roma.

Y es la propia Roma postrera quien lo confirma. El papa León el Grande ejerció desde el año 440 al 461, el período preciso en el que la primera Roma vivía sus últimos días, precipitándose rápidamente hacia la ruina. El mismo León el Grande dijo en un sermón que la primera Roma no era más que la promesa de la Roma postrera; que las glorias de la primera habrían de reproducirse en la Roma católica; que Rómulo y Remo no eran sino los precursores de Pedro y Pablo; los sucesores de Rómulo eran, de esa forma, precursores de los sucesores de Pedro; y de igual manera en que la primera Roma había domina-do el mundo, lo habría de dominar la postrera, cuenta habida del santo y bendito Pedro como cabeza del mundo. El papado no abandonó jamás esa concepción de León el Gran-de. Cuando, escasamente quince años después, el imperio romano había perecido como tal y sólo el papado sobrevivió a la ruina, asentándose firmemente y fortaleciéndose en Roma, esa concepción de León no hizo más que afirmarse y ser más abiertamente sostenida y proclamada.

Tal concepción se fue también desarrollando intencionada y sistemáticamente. Las Escrituras se examinaron con detenimiento, y se pervirtieron ingeniosamente a fin de sostener esa idea. Mediante una aplicación espuria del sistema levítico del Antiguo Testamento, la autoridad y eternidad del sacerdocio romano había quedado prácticamente establecida.

Y ahora, mediante deducciones tendenciosas, "a partir del Nuevo Testamento, se estableció la autoridad y eternidad de la propia Roma".

Considerándose a sí mismo como la única continuación de la Roma original, el papado tomó la posición de que allí donde el Nuevo Testamento cite o se refiera a la autoridad de la Roma original, se aplica en realidad a él mismo, quien se autoproclama como la verdadera y única continuación de ésta. De acuerdo con lo anterior, donde el Nuevo Testamento amonesta a rendir sumisión a "la autoridad", o a obedecer "a los gobernado-res", debe referirse al papado. La razón es que la única autoridad y los únicos gobernado-res que por entonces había, eran los romanos, y el poder papal es el único verdadero continuador del romano.

"Se tomó todo texto que contuviese un imperativo a someterse a las potestades; todo pasaje en el que se ordenase obedecer a las autoridades de la nación, llamando especialmente la atención al hecho de que el mismo Cristo sancionó el dominio romano al pacificar el mundo a través de Augusto, al nacer en una época en la que se pagaban tributos, como los que él mismo pagó al César, y al decir a Pilato: 'ninguna potestad ten-drías contra mí, si no te fuese dado de arriba'". (Bryce). Y puesto que Cristo reconoció la autoridad de Pilato, que no era sino representante de Roma, ¡quién se atreverá a desdeñar la autoridad del papado, auténtica continuación de esa autoridad a la que el mismo Señor del cielo se sometió!

Y no fue sino una culminación lógica de esa pretensión, lo que llevó al papa Bonifacio VIII a presentarse a sí mismo ante la multitud vestido de armadura, con un casco en la cabeza y blandiendo una espada, para proclamar: "No hay otro César, rey ni emperador, sino yo, el soberano Pontífice y sucesor de los apóstoles". Y posteriormente declaró, hablan-do ex catedra: "Por lo tanto, aseveramos, establecemos y proclamamos que, a fin de ser salvo, es necesario creer que todo ser humano está sujeto al Pontífice de Roma".

Eso prueba suficientemente que el cuerno pequeño del capítulo 7 de Daniel es la Roma papal, y que es intencionadamente, en espíritu y propósito, la continuación de la Roma original.

En el capítulo 8 de Daniel se vuelve al mismo tema. El profeta ve primeramente en visión un carnero con dos cuernos prominentes, siendo uno mayor que el otro en correspondencia con la bestia semejante a un oso, que se inclinaba hacia un lado. El ángel declara sencillamente que significaban "los reyes de Media y de Persia". A continuación vio el profeta un "macho de cabrío" que venía del oeste sobre la haz de toda la tierra, sin tocar el suelo, y con un cuerno notable entre sus ojos. Este último abatió al carnero, quebró sus dos cuernos, lo echó por tierra y lo pisoteó, y no hubo quien pudiese librar al carnero de su mano. El ángel declaró que "el macho cabrío es el rey de Grecia, y el cuerno grande que tenía entre sus ojos es el primer rey". El macho cabrío se engrandeció mucho, y es-tando en su mayor fuerza, aquel gran cuerno fue quebrado, y en su lugar subieron otros cuatro maravillosos hacia los cuatro vientos del cielo. El ángel explica que eso "significa que cuatro reinos sucederán de la nación, mas no en la fortaleza de él [Alejandro]".

A partir de una de esas cuatro divisiones del imperio de Alejandro Magno, el profeta vio cómo "del uno de ellos salió un cuerno pequeño, el cual creció mucho al mediodía, y al oriente, y hacia la tierra deseable". Las citadas referencias geográficas indican que ese poder surgió y creció mucho, a partir del este. Según explica el ángel, eso significa que "al cabo del imperio de éstos [las cuatro divisiones de Grecia], cuando se cumplirán los prevaricadores, levantaráse un rey altivo de rostro, y entendido en dudas". "Y engrandecióse hasta el ejército del cielo; y parte del ejército y de las estrellas echó por tierra, y las holló". "Y su poder se fortalecerá, mas no con fuerza suya; y destruirá maravillosamente, y prosperará; y hará arbitrariamente, y destruirá fuertes y al pueblo de los santos. Y con su sagacidad hará prosperar el engaño en su mano y en su corazón se engrandecerá, y con paz destruirá a muchos: y contra el príncipe de los príncipes *'aun contra el príncipe de la fortaleza se engrandeció', vers. 11+ se levantará; mas sin mano será quebrantado".

Esas especificaciones muestran que el cuerno pequeño del capítulo octavo de Daniel representa a Roma desde que ésta surgió, tras la destrucción del imperio griego, hasta el fin del mundo, cuando "sin mano será quebrantado" por aquella piedra que fue cortada "no con mano", la que desmenuza todos los reinos terrenales (Dan. 2:34, 35, 44 y 45).

Hemos visto que en el capítulo 7 de Daniel, el cuerno pequeño, si bien representando como tal solamente la postrera fase de Roma, incluye en realidad a Roma en ambas fases, desde el principio al fin, puesto que al llegar el momento de la destrucción del "cuerno pequeño" resulta ser "la bestia" quien es destruida, "y su cuerpo fue deshecho, y entregado para ser quemado en el fuego". Así, el tema con el que acaba la historia del cuerno pequeño, en Daniel 7, encuentra su continuación en Daniel 8 en referencia al mismo poder. En Daniel 8 la expresión "cuerno pequeño" abarca la totalidad de Roma en sus dos fases, justamente como indica la descripción final del "cuerno pequeño" en Daniel 7. Así lo demuestran las expresiones "la abominación desoladora" y "la prevaricación" aplicadas a Roma en sus dos fases (Dan. 9:26 y 27; Mat. 24:15; Dan. 11:31; 12:11; 8:11 y 13); y tal como confirma la enseñanza e historia de la propia Roma postrera. Forma una unidad, de tal manera que todo cuanto se declara de la primera Roma, es cierto de la postrera, sólo que intensificado.

Consideremos ahora con más detenimiento las expresiones bíblicas de Daniel 8, en relación con el poder del cuerno pequeño. En los versículos 11 y 25 se dice de ese poder: "en su corazón se engrandecerá", "aun contra el príncipe de la fortaleza se engrandeció", "y contra el príncipe de los príncipes se levantará". Eso se explica en 2ª Tesalonicenses capítulo 2, donde Pablo, corrigiendo falsas ideas que esos creyentes se habían hecho a propósito de la inmediata venida del Señor, les dice: "Nadie os engañe en ninguna manera, porque ese día no vendrá sin que antes venga la apostasía, y se manifieste el hombre de pecado, el hijo de perdición, que se opondrá y exaltará contra todo lo que se llama Dios, o que se adora; hasta sentarse en el templo de Dios, como Dios, haciéndose pasar por Dios. ¿No os acordáis que cuando estaba todavía con vosotros, os decía esto?" (2 Tes. 2:3-5).

Ese pasaje describe claramente el mismo poder que en Daniel 8 se representa por el cuerno pequeño. Pero hay otras consideraciones que lo muestran más plenamente. Pablo afirma que cuando estuvo en Tesalónica con los hermanos, les había ya dicho esas cosas que ahora escribía. En Hechos 17:1-3 está registrada la estancia de Pablo con los Tesalonicenses en los siguientes términos: "Después de pasar por Anfípolis y Apolonia, llegaron a Tesalónica, donde había una sinagoga. Y como acostumbraba, Pablo fue a la sinagoga, y por tres sábados razonó con ellos de las Escrituras". Y en ese razonar con ellos de las Escrituras, les explicó lo que debía acontecer en cuanto a la manifestación del hombre de pecado, el misterio de iniquidad, el hijo de perdición, que se opondría y exaltaría contra todo lo que se llama Dios, o que se adora; hasta sentarse en el templo de Dios, como Dios, haciéndose pasar por Dios.

Razonando con el pueblo sobre las Escrituras, ¿en qué parte de dichas Escrituras debió encontrar Pablo la revelación a partir de la cual pudo enseñar todo eso a los tesalonicenses? Sin duda lo encontró en este capítulo octavo de Daniel, y fue a partir de ahí que les habló, estando aun con ellos. Efectivamente, en Daniel 8 encontramos las mismas expresiones que emplea en 2 Tesalonicenses, añadiendo, "¿no os acordáis que cuando estaba todavía con vosotros, os decía esto?" Eso determina que el tiempo sería después de los días de los apóstoles, cuando Roma se exaltó a sí misma "aun contra el Príncipe del ejército" y "contra el Príncipe de los príncipes", y lo relaciona directamente con la caída o apostasía que experimentó el papado, que es Roma en su posterior y última fase.

Ahora leamos los versículos 11 y 12 de Daniel 8, y veremos claramente que ese debió ser exactamente el lugar en el que Pablo encontró la escritura a partir de la que enseñó a los tesalonicenses acerca del "hombre de pecado" y "el misterio de iniquidad": [el cuerno pequeño, el hombre de pecado] "Aun contra el Príncipe del ejército se engrandeció, y quitó el continuo; y el lugar de su Santuario fue echado por tierra. A causa de la prevaricación, el ejército y el continuo le fueron entregados. Echó por tierra la verdad, y prosperó en todo lo que hizo".

Eso señala claramente al responsable de la anulación del sacerdocio, el ministerio y el santuario de Dios y de los cristianos.

Leámoslo de nuevo: [el cuerno pequeño, el hombre de pecado]"Aun contra el Príncipe del ejército *'contra el Príncipe de los príncipes': Cristo+ se engrandeció, y [el hombre de pecado] quitó el continuo [el servicio diario, ministerio y sacerdocio de Cristo]; y el lugar de su Santuario [el santuario del Príncipe del ejército, del Príncipe de príncipes] fue echado por tierra. A causa de la prevaricación, el ejército y el continuo le fueron entregados. Echó por tierra la verdad, y prosperó en todo lo que hizo".

Es "a causa de la prevaricación" o transgresión; es decir, a causa del pecado, que le fue entregado "el ejército" (la hueste) y que echó por tierra la verdad, con el propósito de apartar a la iglesia y al mundo del sacerdocio de Cristo, de su ministerio y santuario, echar éstos por tierra y pisotearlos. Es a causa de prevaricación -o transgresión- por lo que eso ocurrió. Transgresión es pecado, y esa es la consideración o revelación sobre la que el apóstol Pablo, en 2 Tesalonicenses, define ese poder como el "hombre de pecado" y el "misterio de iniquidad".

En Daniel 8:11-13; 11:31 y 12:11, algunos traductores de la Biblia añadieron la palabra "sacrificio", que no figura en el original, tras el término "continuo" o "diario". El "continuo" o "diario" -correspondiente al original hebreo tamid- no se refiere aquí al sacrificio diario o continuo en particular, sino a todo el ministerio o servicio continuo (o diario) del santuario, del que el sacrificio no era más que una parte. La palabra tamid significa "continuo", "constante", "estable", "seguro", "permanente", "por siempre". Tales expresiones dan la idea exacta del término del original, que se suela traducir como "diario" o "continuo". Solamente en los capítulos 28 y 29 de Números, se emplea ese término diecisiete veces en referencia al servicio continuo en el santuario.

Y es ese servicio continuo de Cristo, auténtico Sumo Sacerdote, el que "permanece para siempre", "hecho perfecto para siempre", ostentando "un sacerdocio inmutable"; es ese servicio continuo de nuestro gran Sumo Sacerdote el que quitó el hombre de pecado, el papado. Es el santuario y el verdadero tabernáculo en el que el genuino Sumo Sacerdote ejerce su ministerio continuo, el que "la prevaricación asoladora" echó por tierra. Es ese ministerio y santuario el que "el hombre de pecado" eliminó de la iglesia y del mundo, echándolo por tierra y pisoteándolo, y poniéndose a sí mismo -"la abominación desoladora"- en el lugar de ellos. Lo que hizo la primera Roma materialmente al santuario visible o terrestre -"figura del verdadero"- (Dan. 9:26 y 27; Mat. 24:15), es lo que hizo la Roma postrera, espiritualmente, al santuario invisible o celestial, que es el verdadero (Dan. 11:31; 12:11; 8:11 y 13).

La cita que aparece al pie de la página 67 muestra que en la apostasía, los obispos, pres-bíteros, diáconos y las eucaristías, debían suceder a los sumo sacerdotes, sacerdotes, le-vitas y sacrificios del sistema levítico. Ahora bien, en las Escrituras queda patente que el designio de Dios es que Cristo, su ministerio y santuario en el cielo -verdadero objeto del sistema levítico-, fuese la exclusiva y auténtica sucesión cristiana a ese sistema levítico.

Por lo tanto, cuando en la apostasía, a modo de sucesión del sistema levítico, se instituyó el sistema de los obispos en lugar de los sumo sacerdotes, presbíteros en lugar de sacer-dotes, diáconos en lugar de levitas y la santa cena como sacrificio, en realidad al introducir ese sistema como sucesión cristiana del levítico, no se hizo otra cosa que establecer ese falso sistema de la apostasía en lugar del verdadero, anulando éste completamente, lo que significa echarlo por tierra y pisotearlo.

Y es así como esa gran verdad cristiana del auténtico sacerdocio, ministerio y santuario de Cristo, resulta prácticamente desconocida para el mundo cristiano de hoy día. El "hombre de pecado" la ha quitado, echado por tierra y pisoteado. El "misterio de iniquidad" ha ocultado esa gran verdad de la iglesia y el mundo durante todos estos años en los que ha pretendido el lugar de Dios, y su hueste inicua el de la iglesia de Dios.

No obstante, el propio "hombre de pecado", el "misterio de iniquidad" da testimonio de la necesidad de un servicio tal en la iglesia, a causa de los pecados. Si bien "el hombre de pecado", "el misterio de iniquidad" quitó el verdadero sacerdocio, ministerio y santuario de Cristo, los echó por tierra, pisoteó y ocultó completamente de la vista del mundo cristiano, sin embargo, no desechó la idea en su totalidad. No: quitó el verdadero y lo echó por tierra, pero reteniendo la idea, y estableció en su propio seno una estructura totalmente falsa en lugar de la verdadera.

Cristo, verdadero y divino Sumo Sacerdote por designio del propio Dios en el cielo, fue sustituido por un sacerdocio humano, pecaminoso y pecador en la tierra. En lugar del ministerio continuo y celestial de Cristo en su verdadero sacerdocio, basado en su verdadero sacrificio, estableció un ministerio discontinuo y terrenal mediante un sacerdocio pecaminoso y pecador, en el sacrificio "diario" de la misa (ofrecida una vez al día). Y en lugar del santuario y de aquel verdadero tabernáculo que el Señor asentó, y no hombre, estableció sus propios lugares de reunión, construidos en piedra y madera, y dándoles el nombre de "santuario". Así, en lugar del continuo Sumo Sacerdote, del continuo ministerio y del continuo sacerdocio celestiales que Dios ordenó, y que son los únicos verdaderos, diseñó de su propia invención, para sustituir al anterior, muchos sumo sacerdotes, ministerios, sacrificios y santuarios en la tierra, que en el mejor de los casos no pasan de ser humanos y colmo de la falsificación.

Y nunca pueden quitar los pecados. Ningún sacerdocio, ministerio, servicio o sacrificio terrenales, en ningún santuario terrenal, pueden jamás quitar el pecado. Hemos visto en Hebreos que ni siquiera el ministerio, sacerdocio, sacrificio y servicio del santuario terrenal -el que el mismo Señor estableció en la tierra- podía quitar el pecado. El registro inspirado nos dice que nunca quitaba el pecado, y que nunca podía hacerlo.

Únicamente el sacerdocio y ministerio de Cristo pueden quitar el pecado. Y constituyen un sacerdocio y ministerio celestiales; pertenecen a un santuario celestial. Porque cuan-do Cristo estuvo en la tierra, no era sacerdote. Y si hubiese permanecido en ella hasta nuestros días, tampoco lo sería. Según Hebreos 8:4, "si estuviese sobre la tierra, ni aun sería sacerdote". Así, por claro precepto y abundante ilustración, Dios demostró que ningún ministerio, sacerdocio ni sacrificio terrenales pueden quitar el pecado.

Si es que alguno pudiese hacerlo, ¿no sería acaso el que Dios mismo ordenó sobre la tierra? Y si el tal hubiese podido verdaderamente quitar el pecado, ¿qué necesidad había de cambiar el sacerdocio y ministerio, de la tierra al cielo? Por lo tanto, según la clara palabra del Señor, el sacerdocio, ministerio, sacrificio y santuario que el papado estableció, y que opera en la tierra, no puede jamás quitar el pecado. Muy al contrario, lo que hace es perpetuarlo. Es un fraude, una impostura, es la "prevaricación" y la "abominación desoladora" del santuario.

Y esa conclusión y constatación de cuanto constituye en realidad el sistema papal, no es una deducción peregrina y extravagante. La confirman las palabras del Cardenal Baronius, analista oficial del papado. Refiriéndose al siglo X, escribió: "En ese siglo se vio la abominación desoladora en el templo del Señor; y a la vista de San Pedro, reverenciado por los ángeles, fueron puestos los más inicuos de entre los hombres: no pontífices, sino monstruos". Y el concilio de Rheims, en el año 991, definió al papado como "el hombre de pecado, el misterio de iniquidad".

Capítulo 14—"Entonces El Misterio de Dios será Consumado"

Pero gracias a Dios esa impostura no va a durar para siempre. La gran verdad del sacerdocio, ministerio y santuario cristianos no va a ser por siempre ocultada de los ojos de la iglesia y el mundo. Se erigió el misterio de iniquidad y ocultó del mundo el misterio de Dios, de manera que toda la tierra se maravilló en pos de la bestia (Apoc. 13:3 y 4). Pero se acerca el día en el que el misterio de iniquidad será desenmascarado, y el misterio de Dios brillará nuevamente en el esplendor de su verdad y pureza, para no ser ya ocultado nunca más, y para cumplir su gran propósito, alcanzando su entera consumación. Porque está escrito que "en los días de la voz del séptimo ángel, cuando él comenzare a tocar la trompeta, el misterio de Dios será consumado, como él lo anunció a sus siervos los profetas" (Apoc. 10:7).

En los días de Cristo y sus apóstoles fue revelado el misterio de Dios en una plenitud nunca conocida hasta entonces, y fue predicado "a todas las gentes para que obedezcan a la fe" (Rom. 16:25 y 26). Desde el principio del mundo hasta ese tiempo, fue ese "misterio escondido desde los siglos en Dios", "el misterio que había estado oculto desde los siglos y edades, mas ahora ha sido manifestado a sus santos, a los cuales quiso Dios hacer notorias las riquezas de la gloria de este misterio entre los gentiles; que es Cristo en vosotros la esperanza de gloria: el cual nosotros anunciamos, amonestando a todo hombre, y enseñando en toda sabiduría, para que presentemos a todo hombre perfecto en Cristo Jesús" (Col. 1:26-29. Efe. 3:3, 5 y 9).

Pero ya en ese tiempo, en los días de los apóstoles, obraba el "misterio de iniquidad". Y continuó hasta alcanzar poder y supremacía mundiales, incluso hasta quebrantar a los santos del Altísimo y pensar en mudar los tiempos y la ley, levantándose contra el Príncipe de los príncipes, engrandeciéndose aun contra el Príncipe de la fortaleza y poniéndose a sí mismo en lugar de Dios. Y así, el misterio de Dios fue ocultado -aunque no ocultado en Dios-. Pero ahora, en los días de la voz del séptimo ángel, precisamente ahora, ese misterio de Dios que durante años se había ocultado de generaciones, es manifestado a sus santos, "a los cuales quiso Dios hacer notorias las riquezas de la gloria de este miste-rio entre los gentiles; que es Cristo en vosotros la esperanza de gloria: el cual nosotros anunciamos, amonestando a todo hombre, y enseñando en toda sabiduría, para que presentemos a todo hombre perfecto en Cristo Jesús".

Y eso, como ya hemos documentado, sucede de acuerdo a "como él lo reveló a sus siervos los profetas". Esa no es una declaración aislada del profeta de Patmos, dirigida a su tiempo. Es ahora, en nuestros días, cuando "el misterio de Dios será consumado", ya que cuando el ángel de Dios hizo esa proclamación en la visión del profeta de Patmos, lo había ya previamente anunciado -y mucho tiempo antes- a sus siervos los profetas. La proclamación hecha en Patmos no fue sino la declaración del ángel de Dios de que cuanto había sido anunciado a sus siervos los profetas, debía ahora suceder plenamente y sin más demora. Las palabras del ángel son las siguientes: "Y el ángel que vi estar sobre el mar y sobre la tierra, levantó su mano al cielo, y juró por el que vive para siempre jamás, que ha criado el cielo y las cosas que están en él, y la tierra y las cosas que están en ella, y el mar y las cosas que están en él, que el tiempo ("demora", R.S.V.) no será más. Pero en los días del séptimo ángel, cuando él comenzare a tocar la trompeta, el misterio de Dios será consumado, como él lo anunció a sus siervos los profetas" (Apoc. 10:5-7).

Daniel es el profeta al que más plena y claramente le fue revelado. Daniel contempló, no solamente la aparición de ese cuerno pequeño, su ensalzamiento "contra el Príncipe del ejército", "contra el Príncipe de los príncipes", su echar por tierra la verdad y el santuario pisoteándolos, sino que vio también -y en la misma visión- a la verdad y el santuario liberados del poder del cuerno pequeño, rescatados del pisoteo blasfemo de éste, levanta-dos de la tierra y exaltados hasta el cielo, a donde en justicia pertenecen. Y es en esa precisa parte de la visión en la que parecen mostrar el mayor interés los seres celestiales, ya que dice Daniel: "Entonces oí a un santo que hablaba, y otro santo le preguntó: '¿Has-ta cuándo durará la visión del continuo, de la prevaricación asoladora, y del pisoteo del santuario y del ejército?' Y él respondió: 'Hasta 2.300 días de tardes y mañanas. Entonces el santuario será purificado'" (Dan. 8:13 y 14).

Entonces se encomendó a Gabriel que hiciese entender la visión a Daniel. Comenzó a hacerlo así, hasta que llegó a la explicación de los muchos días de la visión, punto en el que las sorprendentes y terribles cosas reveladas agobiaron a Daniel: "Y yo, Daniel, quedé quebrantado, y estuve enfermo algunos días. Cuando convalecí, atendí los asuntos del rey. Pero quedé espantado acerca de la visión, y no la entendía" (Dan. 8:27). Hasta don-de había sido explicado, era sencillo de entender: se declara llanamente que el carnero son los reyes de Media y de Persia, y el macho cabrío el rey de Grecia. Y a la vista de las explicaciones ya hechas en los capítulos 2 y 7 de Daniel, la descripción del siguiente gran poder que sucedería a Grecia se comprendería fácilmente a medida que el ángel avanzaba en la explicación. Pero Daniel desfalleció justamente en el clímax de la parte más importante de la explicación, de forma que se perdió la parte más esencial y significativa de la explicación, y "no había quien la entendiese".

Sin embargo, el profeta procuró con toda diligencia comprender la visión. Y tras la destrucción de Babilonia, en el primer año del rey de los medas y persas, el ángel Gabriel se apareció nuevamente a Daniel, diciendo: "Daniel, ahora he salido para hacerte entender la declaración" (Dan. 9:1 y 22). Y vino precisamente para hacerle entender la declaración de aquella visión que había comenzado a explicar cuando Daniel desfalleció. Así que primeramente dirigió la atención de Daniel hacia la visión, diciendo: "Tan pronto como empezaste a orar, fue dada la respuesta, y yo he venido a enseñártela, porque tú eres muy amado. Entiende, pues, la palabra, y entiende la visión" (vers. 23). Habiendo dirigido en esos términos la atención del profeta hacia la visión, el ángel aborda directamente el tema del tiempo mencionado en la misma: la parte precisa de la visión que, a causa del desfallecimiento de Daniel, había quedado pendiente de explicación. Dice pues: "Setenta semanas están cortadas para tu pueblo y tu santa ciudad" (vers. 24).

La palabra "cortadas" significa "delimitadas", "acotadas mediante límites", "señaladas en cuanto a su alcance". Al explicar la visión la primera vez, el ángel había llegado al asunto del tiempo: los "muchos días" de Dan. 8:26, los "dos mil y trescientos días" de la visión. Ahora, al llamar la atención de Daniel a la visión, comienza inmediatamente a referirse a esos días, explicando los acontecimientos con ellos relacionados: "Setenta semanas", o 490 de esos días, están determinados o cortados (delimitados, asignados) para los judíos y Jerusalén. Eso señala los límites del tiempo para los judíos y Jerusalén en tanto que pueblo y ciudad especiales de Dios. Se trata de días proféticos, en los que cada día corresponde a un año: las 70 semanas -o 490 días- vienen a ser 490 años, cortados (toma-dos) de los 2.300 días, que a su vez son 2.300 años. El principio de los 490 años es pues coincidente con el de los 2.300 años.

El relato de las "setenta semanas", o 490 años, viene dado por el ángel en estos términos: "Conoce, pues, y entiende, que desde que salga la orden para restaurar y reedificar a Jerusalén hasta el Mesías Príncipe, habrá siete semanas, y 62 semanas. La plaza y la muralla se reedificarán en tiempos angustiosos. Después de las 62 semanas se quitará la vida al Mesías, y no por él mismo. Y el pueblo de un príncipe que ha de venir, destruirá a la ciudad y el Santuario. Su fin vendrá como una inundación, y hasta el fin de la guerra, será talada con asolamiento. En otra semana confirmará el pacto a muchos. Y a la mitad de la semana hará cesar el sacrificio y la ofrenda. Y sobre el ala del templo uno ejecutará la abominación asoladora, hasta que la ruina decretada caiga sobre el desolador" (Dan. 9:25-27).

El decreto para restaurar y reedificar Jerusalén se produjo el 457 a. de C., y se encuentra registrado en el capítulo 7 de Esdras. Fue emitido desde Babilonia, y se dirigió primeramente a Esdras, concediéndole potestad para abandonar Babilonia y para tomar consigo la gente y materiales necesarios para la obra de restauración de Jerusalén, a fin de que Dios pudiese ser adorado allí. Y posteriormente, "a todos los tesoreros del otro lado del río" Éufrates, con el objeto de que proveyesen cuanto Esdras requiriese para el avance de la obra. Cuando Esdras llegó a Jerusalén era el quinto mes del año, por lo tanto, la restauración debió comenzar hacia el otoño del 457 a. de C., lo que lleva al año 456 ½ como fecha de partida de los 490 años, y de los 2.300 años.

A partir de entonces, 483 años conducirían al "Mesías Príncipe", lo que lleva al año 26 ½ de la era cristiana, es decir, el año 27 d. de C., que es el preciso año en el que Cristo hizo su aparición como Mesías, en su ministerio público, al ser bautizado en el Jordán y ungido con el Espíritu Santo (Mar. 7:9-11; Mat. 3:13-17). Tras ello, él, el Mesías, "confirmará el pacto a muchos" "en otra semana", o sea, la semana que faltaba para las 70. Pero a mitad de esa semana, "hará cesar el sacrificio y la ofrenda" por el sacrificio de sí mismo en la cruz. A la mitad de la semana tiene que ser al final de los tres años y medio, de entre aquellos siete, a contar desde el otoño del 27 d. de C. Eso conduce a la primavera del año 31 d. de C., el momento preciso en el que fue crucificado el Salvador; y de ese modo, mediante su propio sacrificio, el auténtico sacrificio por los pecados, hizo cesar para siempre el sacrificio y la ofrenda. En esa ocasión, el velo del templo terrenal "se rasgó en dos, desde arriba hacia abajo", indicando que el servicio de Dios hallaba su fin en aquel lugar, y la casa terrenal sería dejada desierta.

Quedaba todavía la segunda mitad de la 70ª semana, dentro del límite de tiempo en el que el pueblo judío y Jerusalén contarían con el favor especial. Esa media semana con principio en la primavera del año 31 de nuestra era, se extendía hasta el otoño del 34. En aquel tiempo, "los que habían sido esparcidos por la persecución que vino después de Esteban *'iban por todas partes anunciando la Palabra'+ anduvieron hasta Fenicia, Chipre y Antioquía, y a nadie predicaron la Palabra, sino sólo a los judíos" (Hech. 11:19; 8:4). Pe-ro cuando ese tiempo expiró, y los judíos se hubieron confirmado en el rechazo del Mesías y su evangelio, entonces su decisión fue aceptada, y bajo la dirección de Pedro y de Pablo, las puertas se abrieron de par en par a los gentiles, a quienes pertenece la porción restante de los 2.300 años.

Tras descontar los 490 años asignados a los judíos y Jerusalén, quedan aun 1.810 años para los gentiles (2.300 − 490 = 1.810). Ese período de los 1.810 años, comenzando, como hemos visto, en el otoño del año 34 de nuestra era, conduce indefectiblemente al otoño del año 1844, marcando esa fecha como el final de los 2.300 años. Y en ese tiempo, por palabra de quien no puede equivocarse (Dan. 8:14), "el santuario será purifica-do". 1844 fue igualmente el preciso tiempo de "los días de la voz del séptimo ángel, cuando él comenzare a tocar la trompeta", y "el misterio de Dios será consumado, como él lo anunció a sus siervos los profetas".

En esa época se quebrantaría el horror de las densas tinieblas con las que el misterio de iniquidad ocultó por las edades y generaciones el misterio de Dios. Es entonces cuando el santuario y verdadero tabernáculo, y su verdad, se elevarían desde el suelo, adonde el hombre de pecado los había arrojado para pisotearlos, siendo exaltados hasta el cielo, lugar al que pertenecen. Desde allí brillarán con tal luz que toda la tierra será iluminada con su gloria. En ese tiempo, la verdad trascendental del sacerdocio y ministerio de Cristo iba a ser rescatada del olvido al que la prevaricación y la abominación desoladora habían sometido, y sería una vez más, y definitivamente, restituida a su genuino emplazamiento celestial en la fe de la iglesia, logrando en todo verdadero creyente esa perfección que es el eterno propósito de Dios en Cristo Jesús Señor nuestro.

Capítulo 15—"La Purificación del Santuario"

La purificación del santuario y la consumación del misterio de Dios son coincidentes en el tiempo, y están tan estrechamente relacionados que constituyen una identidad práctica en carácter y alcance.

En "la figura del verdadero" o santuario visible, la sucesión de los servicios formaba un ciclo que se completaba anualmente. Y la purificación del santuario era la consumación de ese servicio anual figurativo. Esa purificación del santuario consistía en la limpieza y eliminación del santuario "de las inmundicias de los hijos de Israel, y de sus rebeliones, y de todos sus pecados" que, mediante el ministerio sacerdotal, habían sido llevados al santuario durante el año.

La consumación de esta obra, de y para el santuario, era también la consumación de la obra para el pueblo, ya que en ese día de la purificación del santuario, que era el día de la expiación (o reconciliación), quien no participase del servicio de purificación mediante escrutinio del corazón, confesión y expulsión del pecado, sería cortado definitivamente del pueblo. Así, la purificación del santuario afectaba al pueblo y lo incluía tan ciertamente como al santuario mismo. Y cualquiera del pueblo que no participase de la purificación del santuario, no siendo él mismo purificado como lo era el santuario –purificado de toda iniquidad, transgresión y pecado-, era cortado de su pueblo para siempre (Lev. 16:15-19; 29-34; 23:27-32).

Y eso "era figura de aquel tiempo presente". Ese santuario, sacrificio, sacerdocio y ministerio, eran figura del verdadero, que es el santuario, sacrificio, sacerdocio y ministerio de Cristo. Y esa purificación del santuario era una figura del verdadero, que es la purificación del santuario -y verdadero tabernáculo que el Señor asentó, y no hombre- de toda impureza de los creyentes en Jesús, a causa de sus transgresiones o pecados. Y el momento de esa purificación del verdadero santuario, en palabras de Aquel que no puede equivocarse, es: "hasta 2.300 días, y el santuario será purificado" -el santuario de Cristo-, en el año 1844 de nuestra era.

Y ciertamente, el santuario del cual Cristo es Sumo Sacerdote es el único que podía ser purificado en 1844, ya que es el único que existía entonces. El santuario que era figura para el tiempo presente, fue destruido por el ejército Romano junto con la ciudad (Dan. 9:26). Incluso su emplazamiento fue destruido "hasta una entera consumación". Por ello, el único santuario que podía ser purificado en el tiempo señalado por el Autor de la profecía, al final de los 2.300 días, era el santuario de Cristo. El santuario y el verdadero tabernáculo del que Cristo, a la diestra de Dios, es verdadero sacerdote y ministro. Ese "santuario y verdadero tabernáculo que el Señor asentó, y no hombre".

El significado de esa purificación está llanamente expresado en la Escritura que estamos estudiando: Dan. 9:24-28. El ángel de Dios, al explicar a Daniel la verdad concerniente a los 2.300 días, declaró también el gran objetivo del Señor en ese tiempo, en relación con judíos y gentiles. Las setenta semanas, o 490 años delimitados para los judíos y Jerusalén, se especifica que son "para acabar la prevaricación, poner fin al pecado, expiar la iniquidad, traer la justicia de los siglos, sellar la visión y la profecía, y ungir al Santo de los santos" (Dan. 9:24).

Tal es el verdadero propósito de Dios en el santuario y sus servicios, en todo tiempo: sea en la figura o en el verdadero, para judíos o gentiles, en la tierra como en el cielo. Setenta semanas, o 490 años, era lo concedido a los judíos para que alcanzasen el cumplimiento o consumación de ese propósito, por y en ellos. A fin de lograrlo, el mismo Cristo vino a ese pueblo, entre todos los pueblos, para mostrarles el Camino y conducirlos por ese Camino. Pero no lo recibieron. En lugar de ver en él al misericordioso Ser que acabaría la prevaricación, pondría fin al pecado, expiaría la iniquidad y traería la justicia de los siglos a toda alma, vieron en él solamente a "Belzebú, príncipe de los demonios"; vieron a uno en el lugar del cual escogerían decididamente a un malhechor; a uno que repudiarían abiertamente en tanto que Rey, escogiendo no tener otro rey que al César romano; a uno que no juzgaron digno de otra cosa que no fuese la crucifixión y expulsión del mundo. Para un pueblo tal, y en un pueblo como ese, ¿podría él poner fin a la prevaricación, poner fin al pecado, expiar la iniquidad y traer la justicia de los siglos? Imposible. Imposible por la propia obstinada rebelión de ellos. En lugar de permitírsele efectuar una obra tan misericordiosa y maravillosa en su favor, se vio compelido a exclamar desde la profundidad de la pena y dolor divinos: "¡Jerusalén, Jerusalén, que matas a los profetas, y apedreas a los que son enviados a ti! ¡cuántas veces quise juntar tus hijos, como la gallina junta sus pollos debajo de las alas, y no quisiste! He aquí que vuestra casa os es deja-da desierta". "El reino de Dios será quitado de vosotros, y será dado a gente que haga los frutos de él" (Mat. 23:37 y 38; 21:43).

Tras el rechazo de los judíos, el reino de Dios se dio a la nación gentil. Y todo cuanto debía haberse hecho por los judíos en los 490 años a ellos dedicados, pero que de ninguna forma consintieron en que se realizara, eso mismo es lo que debe hacerse por los gentiles, a quienes se da el reino de Dios, en los 1.810 años que se les concede. Y esa obra consiste en "acabar la prevaricación, poner fin al pecado, expiar la iniquidad, traer la justicia de los siglos, sellar la visión y la profecía, y ungir al Santo de los santos". Eso puede solamente realizarse en la consumación del misterio de Dios, en la purificación del verdadero santuario cristiano. Y eso se efectúa en el verdadero santuario, precisamente acabando la prevaricación (o transgresión) y poniendo fin a los pecados en el perfeccionamiento de los creyentes en Jesús, de una parte; y de la otra parte, acabando la prevaricación y poniendo fin a los pecados en la destrucción de los malvados y la purificación del universo de toda mancha de pecado que jamás haya existido en él.

La consumación del misterio de Dios es el cumplimiento final de la obra del evangelio. Y la consumación de la obra del evangelio es, primeramente, la erradicación de todo vestigio de pecado y el traer la justicia de los siglos, es decir, Cristo plenamente formado en todo creyente, sólo Dios manifestado en la carne de cada creyente en Jesús; y en segundo lugar, y por otra parte, la consumación de la obra del evangelio significa precisamente la destrucción de todos quienes hayan dejado de recibir el evangelio (2 Tes. 1:7-10), ya que no es la voluntad del Señor preservar la vida a hombres cuyo único fin sería acumular miseria sobre sí mismos.

Hemos visto que en el servicio del santuario terrenal, cuando había finalizado la obra del evangelio en el ciclo anual en beneficio de quienes habían tomado parte en él, aquellos que, por el contrario, no habían participado, eran cortados o excluidos. "Lo cual era figura de aquel tiempo presente", y enseña de forma inequívoca que en el servicio del verdadero santuario, cuando haya finalizado la obra del evangelio para todos quienes participen en él, entonces, todos aquellos que no hayan tomado parte, serán excluidos. Así, en ambos sentidos, la consumación del misterio de Dios significa poner fin al pecado para siempre.

En el servicio del santuario terrenal vemos también que para producirse la purificación, completándose así el ciclo de la obra del evangelio, debía primero alcanzar su cumplimiento en las personas que participaban en el servicio. En otras palabras: En el santuario mismo no se podía acabar la prevaricación, poner fin al pecado, expiar la iniquidad ni traer la justicia de los siglos, hasta que todo ello se hubiese cumplido previamente en cada persona que participaba del servicio del santuario. El santuario mismo no podía ser purificado antes de que lo fuera cada uno de los adoradores. El santuario no podía ser purificado mientras se continuase introduciendo en él un torrente de iniquidades, transgresiones y pecados, mediante la confesión del pueblo y la intercesión de los sacerdotes. La purificación del santuario como tal, consistía en la erradicación y expulsión fuera del santuario, de todas las transgresiones del pueblo, que por el servicio de los sacerdotes se había ido introduciendo en él, en el servicio de todo el año. Y ese torrente debe detener-se en su fuente, en los corazones y vidas de los adoradores, antes de que el santuario mismo pueda ser purificado.

De acuerdo con lo anterior, lo primero que se efectuaba en la purificación del santuario era la purificación del pueblo. Lo que era esencial e imprescindible para la purificación del santuario, para acabar la prevaricación, poner fin al pecado, expiar la iniquidad y traer la justicia de los siglos, era acabar la prevaricación, poner fin al pecado, expiar la iniquidad y traer la justicia de los siglos en el corazón y vida de cada uno de entre el pueblo. Cuando se detenía en su origen el torrente que fluía hacia el santuario, entonces, y solo entonces, podía el propio santuario ser purificado de los pecados y transgresiones del pueblo, que se habían introducido en él mediante la intercesión de los sacerdotes.

Y todo eso "era figura de aquel tiempo presente", "figura del verdadero". Se nos enseña pues claramente que el servicio de nuestro gran Sumo Sacerdote en la purificación del verdadero santuario debe ser precedida por la purificación de cada uno de los creyentes, la purificación de cada uno de los que participen en ese servicio del verdadero Sumo Sacerdote en el verdadero santuario. Es imprescindible que acabe la prevaricación, que se ponga fin al pecado, que se expíe la iniquidad y se traiga la justicia de los siglos en la experiencia de todo creyente en Jesús, antes de que pueda cumplirse la purificación del verdadero santuario.

Tal es el preciso objetivo del verdadero sacerdocio en el verdadero santuario. Los sacrificios, el sacerdocio y el ministerio en el santuario que no era más que una mera figura para aquel tiempo presente, no podían realmente quitar el pecado, no podían hacer perfectos a los que se allegaban a él. Pero el sacrificio, el sacerdocio y el ministerio de Cristo en el verdadero santuario quita los pecados para siempre, hace perfectos a cuantos se allegan a él, hace "perfectos para siempre a los santificados".

Capítulo 16—"El Tiempo del Refrigerio"

Y ahora, en este tiempo de la consumación de la esperanza de los siglos, en este tiempo en que el verdadero santuario debe ser genuinamente purificado, en este tiempo en que debe ser completada la obra del evangelio y consumado realmente el misterio de Dios, ahora es el momento de entre todos los momentos que jamás haya habido, en que los creyentes en Jesús, que son los benditos destinatarios de su glorioso sacerdocio y maravillosa intercesión en el verdadero santuario, participen de la plenitud de su gracia celestial de forma que en sus vidas se acabe la prevaricación, haya un fin al pecado y la iniquidad sea expiada por siempre, y en la perfección de la verdad reciban la justicia de los siglos.

Ese es precisamente el definido propósito del sacerdocio y ministerio de Cristo en el ver-dadero santuario. ¿Acaso no es ese sacerdocio suficiente? ¿Será su ministerio eficaz, logrando la consecución de su propósito? Sí, con total seguridad. Es sólo por ese medio como queda asegurado su cumplimiento. No está al alcance de ningún alma, por ella misma, el acabar la prevaricación, poner fin a los pecados, ni hacer reconciliación por las iniquidades o traer la justicia perdurable en su propia vida. A fin de que tal cosa se realice, debe ser obrada obligatoria y solamente por el sacerdocio y ministerio de Aquel que se dio a sí mismo, y que fue entregado para poder cumplir eso mismo por todas las al-mas, "para haceros santos, sin mancha e irreprensibles" a la vista de Dios.

Todo aquel cuyo corazón esté inclinado a la verdad y la rectitud desea ver eso realizado; sólo el sacerdocio y ministerio de Cristo lo pueden hacer, y ahora es el tiempo para su pleno y definitivo cumplimiento. Por lo tanto, creamos en Aquel que lo está efectuando, y confiemos en que es capaz de llevarlo a completa y eterna consumación.

Éste es el momento, y ésta la obra de la que se declara que "ya no habrá más tiempo" ("el tiempo no será más"). Y ¿por qué habría de retrasarse? Si el sacerdocio de nuestro gran Sumo Sacerdote es eficaz, su sacrificio y ministerio totalmente adecuados en relación con lo prometido, aquello en lo que espera todo creyente, ¿por qué tendría que demorarse el acabar la prevaricación, poner fin al pecado, hacer reconciliación por la iniquidad y traer la rectitud perdurable a cada alma creyente? Entonces, confiemos a Cristo el hacer aquello para lo que se dio a sí mismo, y que únicamente él puede realizar. Confiemos en él en esto, y recibamos en su plenitud lo que pertenece a toda alma que cree y confía incondicionalmente en el Apóstol y Sumo Sacerdote de nuestra profesión: Cristo Jesús.

Hemos visto que el cuerno pequeño -el hombre de pecado, el misterio de iniquidad- instauró su propio sacerdocio terrenal, humano y pecaminoso, en el lugar del sacerdocio y ministerio santo y celestial. En ese servicio y sacerdocio del misterio de iniquidad, el pecador confiesa sus pecados al sacerdote, y sigue pecando. Ciertamente, en ese ministerio y sacerdocio no hay poder para hacer otra cosa que no sea seguir pecando, incluso tras haber confesado los pecados. Pero, aunque sea triste la pregunta, los que no pertenecen al misterio de iniquidad, sino que creen en Jesús y su sacerdocio celestial, ¿no es cierto que confiesan ellos también sus pecados, para luego continuar pecando?

¿Hace eso justicia a nuestro gran Sumo Sacerdote, a su sacrificio y a su bendito ministerio? ¿Es justo que rebajemos así a Cristo, su sacrificio y su ministerio, prácticamente a la altura de la "abominación desoladora", diciendo que en el verdadero ministerio no hay más poder o virtud que en el "misterio de iniquidad"? Que Dios libre hoy y para siempre a su iglesia y pueblo, sin más demora, de este rebajar hasta lo ínfimo a nuestro gran Sumo Sacerdote, su formidable sacrificio y su glorioso ministerio.

Confiemos de verdad en nuestro gran Sumo Sacerdote, y que nuestra confianza sea realmente inamovible. Es posible oír a protestantes manifestando sorpresa por la ciega insensatez de los católicos al confiar plenamente en el sacerdote. Y con respecto al sacerdocio terrenal, la sorpresa está justificada. Sin embargo, la fe incondicional en el sacerdote es totalmente correcta, aunque debiera ser puesta en el verdadero Sacerdote. La fe en un falso sacerdocio es ruinosa en extremo, pero el principio de la confianza inquebrantable en el Sacerdote es eternamente correcto. Y Jesucristo es el verdadero Sacerdote. Por lo tanto, todo quien crea en Jesús -en el sacrificio que hizo, en el sacerdocio y ministerio que ejerce en el verdadero santuario- debe, no solamente confesar sus pe-cados, sino que debe entonces confiar absolutamente en el verdadero Sumo Sacerdote en su ministerio en el verdadero santuario para acabar la prevaricación (transgresión), poner fin al pecado, hacer reconciliación por la iniquidad y traer la justicia de los siglos a su corazón y vida.

Recuérdese: justicia de los siglos. No justicia para hoy y pecado para mañana, y justicia otra vez, y pecado de nuevo. Eso no es justicia de los siglos (rectitud perdurable). La justicia de los siglos es traída para permanecer constantemente en la vida de quien ha creí-do y confesado, y que sigue creyendo y recibiendo esa justicia de los siglos en lugar del pecado y el pecar. En eso consiste la justicia de los siglos, en eso consiste la redención eterna del pecado. Y esa bendición inenarrable es el don gratuito de Dios por medio del ministerio celestial que ha establecido para nuestro beneficio en el sacerdocio y ministerio de Cristo en el santuario celestial.

En consecuencia, hoy, justamente ahora, "mientras dura ese 'hoy' ", como nunca antes, la palabra de Dios a todo hombre es: "Arrepentíos y convertíos, para que sean borrados vuestros pecados, y vengan los tiempos del refrigerio de la presencia del Señor, y él envíe a Jesucristo, designado de antemano, a quien es necesario que el cielo retenga hasta el tiempo de la restauración de todas las cosas" (Hech. 3:19-21).

El tiempo de la venida del Señor y de la restitución de todas las cosas está verdaderamente a las puertas. Y cuando Jesús venga, será para tomar a su pueblo consigo. Para presentarse a sí mismo una iglesia gloriosa "que no tuviese mancha ni arruga, ni cosa semejante; sino que fuese santa y sin mancha". Es para verse a sí mismo perfectamente reflejado en todos sus santos.

Y antes de que venga, su pueblo debe estar en esa condición. Antes de que venga debemos haber sido llevados a ese estado de perfección, a la plena imagen de Jesús (Efe. 4:7, 8, 11-13). Y ese estado de perfección, ese desarrollo en todo creyente de la completa imagen de Jesús, eso es la consumación del misterio de Dios, que es Cristo en vosotros, la esperanza de gloria (Col. 1:27). Esa consumación halla su cumplimiento en la purifica-ción del santuario, que significa la realización plena del misterio de Dios, y que consiste en acabar la prevaricación, poner un fin decidido a los pecados, hacer reconciliación por la iniquidad, traer la justicia de los siglos, sellar la visión y la profecía, y ungir el Santo de los santos.

Puesto que es en este tiempo que la venida de Jesús y la restauración de todas las cosas está a las puertas; y dado que ese perfeccionamiento de los santos debe necesariamente preceder a dicha venida y restauración, tenemos una sólida evidencia de que ahora es-tamos en el tiempo del refrigerio, el tiempo de la lluvia tardía. Y tan ciertamente como eso es así, estamos actualmente viviendo en el tiempo del borramiento definitivo de to-dos los pecados que jamás nos hayan asediado. La purificación del santuario consiste precisamente en el borramiento de los pecados, en acabar la transgresión en nuestras vidas, en poner fin a todo pecado en nuestro carácter, en la venida de la justicia misma de Dios que es por la fe en Jesús, para que permanezca ella sola por siempre.

Ese borramiento de los pecados debe preceder a la recepción del refrigerio de la lluvia tardía, ya que la promesa del Espíritu viene solamente sobre quienes tienen la bendición de Abraham, y esa bendición se pronuncia solamente sobre quienes están redimidos del pecado (Gál. 3:13 y 14). Por lo tanto, ahora, como nunca antes, debemos arrepentirnos y convertirnos, para que nuestros pecados sean borrados, para que se les pueda poner fin por completo en nuestras vidas, y para traer la justicia de los siglos; y eso con el fin de que sea nuestra la plenitud del derramamiento del Espíritu Santo, en este tiempo del refrigerio de la lluvia tardía. Debe darse todo esto para que el mensaje del evangelio del reino, que produce la maduración de la cosecha, sea predicado en todo el mundo con ese poder de lo alto por el que toda la tierra será iluminada con su gloria.

Capítulo 17—"Conclusión"

Cristo el Señor, el Hijo de Dios, descendió del cielo y se hizo carne, y habitó entre los hombres como Hijo del hombre.

Murió en la cruz del Calvario por nuestras ofensas.

Resucitó de los muertos a causa de nuestra justificación.

Ascendió al cielo como nuestro abogado, y como tal se sentó a la diestra del trono de Dios.

Es sacerdote en el trono de su Padre; sacerdote para siempre según el orden de Melchisedec.

A la diestra de Dios, en el trono de Él, como sacerdote en su trono, Cristo es "ministro del santuario, y de aquel verdadero tabernáculo que el Señor asentó, y no hombre".

Y volverá otra vez en las nubes del cielo con poder y gran gloria para tomar a su pueblo consigo, para presentarse a sí mismo su iglesia gloriosa, y para juzgar al mundo.

Las declaraciones anteriores constituyen principios eternos de la fe cristiana.

Para que la fe sea verdadera y plena, es preciso que la vida de Cristo en la carne, su muerte en la cruz, su resurrección, ascensión y su sentarse a la diestra del trono de Dios en los cielos sean principios eternos en la fe de todo cristiano.

El que ese mismo Jesús sea sacerdote a la diestra de Dios en su trono, debe igualmente ser un principio eterno en la fe de todo cristiano a fin de que se trate de una fe plena y verdadera.

Que Cristo -el Hijo de Dios- como sacerdote a la diestra del trono de Dios es "ministro del santuario, y de aquel verdadero tabernáculo que el Señor asentó, y no hombre", será también un principio eterno en la fe madura y plena de todo cristiano.

Y esa verdadera fe en Cristo -el Hijo de Dios- como el auténtico sacerdote en ese ministerio y santuario verdaderos, a la diestra de la Majestad en los cielos; esa fe en que su sacerdocio y ministerio acaban la transgresión, ponen fin a los pecados, hacen reconciliación por la iniquidad y traen la justicia de los siglos, esa fe, hará perfecto a todo el que a él se allega. Lo preparará para el sello de Dios y para el ungimiento final del Santo de los santos.

Por medio de esa verdadera fe, todo creyente que sea de esa fe genuina puede tener la certeza de que en él y en su vida acaba la transgresión y se pone fin a los pecados, se ha-ce reconciliación por toda iniquidad de su vida y la justicia perdurable viene a reinar en su vida por siempre jamás. Puede estar perfectamente seguro de ello, ya que la Palabra de Dios así lo afirma, y la verdadera fe viene por oír la Palabra de Dios.

Todos cuantos pertenezcan a esa verdadera fe pueden estar tan seguros de todo lo anterior, como de que Cristo está a la diestra del trono de Dios. Lo pueden saber con la misma certeza con la que saben que Cristo es sacerdote sobre ese trono. Con la misma seguridad de que él es allí "ministro del santuario y de aquel verdadero tabernáculo que el Señor asentó, y no hombre". Exactamente con la misma confianza que merece toda declaración de la Palabra de Dios, ya que ésta lo establece de forma inequívoca.

Por lo tanto, en este tiempo, que todo creyente en Cristo se levante en la fortaleza de esa verdadera fe, creyendo sin reservas en el mérito de nuestro gran Sumo Sacerdote, en su santo ministerio e intercesión en favor nuestro.

En la confianza de esa verdadera fe, que todo creyente en Jesús exhale un largo suspiro de alivio, en agradecimiento a Dios por el cumplimiento de lo esperado: que la transgresión acabe en su vida, que rompa con la iniquidad por siempre; que se ponga fin a los pecados en su vida, de forma que se libere por siempre de ellos; que se haga reconciliación por la iniquidad, siendo por siempre limpiado de ella mediante la sangre del esparcimiento; y que la justicia eterna sea traída a su vida, para reinar ya por siempre, para sostenerlo, guiarlo y salvarlo en la plenitud de la redención eterna que, mediante la sangre de Cristo, se da a todo creyente en Jesús, nuestro gran Sumo Sacerdote y verdadero Intercesor.

Entonces, en la justicia, paz y poder de esa verdadera fe, que todo aquel que lo comprenda esparza por doquier las gloriosas nuevas del sacerdocio de Cristo, de la purificación del santuario, de la consumación del misterio de Dios, de la llegada del tiempo del refrigerio y de la pronta venida del Señor "para ser glorificado en sus santos, y a hacerse admirable en aquel día en todos los que creyeron", y "para presentarla para sí, una iglesia gloriosa, sin mancha ni arruga, ni cosa semejante; antes que sea santa e inmaculada".

"Así que la suma acerca de lo dicho es: Tenemos tal pontífice que se sentó a la diestra del trono de la Majestad en los cielos; ministro del santuario, y de aquel verdadero tabernáculo que el Señor asentó, y no hombre".

"Así que hermanos, teniendo libertad para entrar en el santuario por la sangre de Jesucristo, por el camino que él nos consagró nuevo y vivo, por el velo, esto es, por su carne; y teniendo un sacerdote sobre la casa de Dios, lleguémonos con corazón verdadero, en plena certidumbre de fe, purificados los corazones de mala conciencia, y lavados los cuerpos con agua limpia". Y "mantengamos firme la profesión de nuestra fe sin fluctuar; que fiel es el que prometió".

Libros Para Continuar Comprendiendo Este Precioso Mensaje de 1888

1. Cristología en los Escritos de Elena G. de White, Ralph Larson. (A4)*

2. 1888 Reexamindo, Robert Wieland (A4).

3. El Retorno de la Lluvia Tardía, Ron Duffield (A4).

4. Herido en Casa de sus Amigos, Ron Duffield (A4).

5. La Palabra se Hizo Carne, Ralph Larson (A4).

6. Oro Afinado en Fuego, Robert Wieland (A4).

7. Carta a los Romanos, Waggoner (A4).

8. El Pacto Eterno, Waggoner (A4).

9. El Evangelio en Gálatas, Waggoner (A4).

10. El Camino Consagrado a la Perfección Cristiana, A. T. Jones (A4)

11. El Mensaje del Tercer Ángel 3 Tomos en 1, A. T. Jones (A4).

12. Lecciones sobre la Fe, Waggoner y Jones (A4).

13. Mensajera del Señor, Herbert Douglass (A4).

14. Cartas a las Iglesias, M. L. Andreasen (A4).

15. Tocado Por Nuestros Sentimientos, Jean Zurcher (A4).

***PRONTO VENDRÁN MAS LIBRO EN CAMINO

* Tamaño del Libro y a letra GRANDE

Para conseguir estos libros por cajas (40% descuento) o un cátalogo con mas de nuestras publicaciones, favor escribirnos a:

lsdistribution07@gmail.com

www.ingramcontent.com/pod-product-compliance
Lightning Source LLC
Chambersburg PA
CBHW080901010526
44118CB00015B/2221